全国小学生校园美文精品集萃丛书

七色阳光
小少年

挂在树上的童年

《语文报》编写组 编

时代文艺出版社

图书在版编目（CIP）数据

挂在树上的童年 /《语文报》编写组编. —长春：时代文艺出版社，2018.8（2023.6重印）
（"七色阳光小少年"全国小学生校园美文精品集萃丛书）

ISBN 978-7-5387-5857-3

Ⅰ.①挂… Ⅱ.①语… Ⅲ.①作文－小学－选集 Ⅳ.①H194.4

中国版本图书馆CIP数据核字（2018）第114670号

出品人 陈　琛
产品总监 郭力家
责任编辑 李荣鋆
装帧设计 孙　利
排版制作 隋淑凤

挂在树上的童年

《语文报》编写组　编

出版发行 / 时代文艺出版社
地址 / 长春市福祉大路5788号　龙腾国际大厦A座15层　邮编 / 130118
总编办 / 0431-81629751　发行部 / 0431-81629758
官方微博 / weibo.com / tlapress
印刷 / 北京一鑫印务有限责任公司
开本 / 700mm×980mm　1 / 16　字数 / 153千字　印张 / 11
版次 / 2018年8月第1版　印次 / 2023年6月第5次印刷　定价 / 34.80元

编 委 会

目 录

童年的泥巴

风会记得一朵花的香

留在心中的那份暖

摇曳在心头上的你

003

微笑，绽放于心头

你是我的阳光

童年的泥巴

　　童年，是天真自在的，像翱翔的小鸟；童年是馨香醇美的，像奶奶炸的金蝉；童年是五彩斑斓的，像天上的彩虹……然而，童年总会渐渐远去，一去不复返，但是只要我们心里装着童真，那童年的快乐、美好就会永远留在我们的记忆里。

心里装着天真

王慧莹

现在大人们走在路上，眼下只有道路，从不注意那些花花草草。他们来也匆匆，去也匆匆，就连神色也是匆匆的。如果他们能像我的语文老师一样拥有一颗天真的童心，就好了。

忘了介绍，老师姓段，戴一副红框眼镜，两只亮晶晶的眼睛放出智慧的光芒。

有一次下了课，我和"菜饼"去厕所，路上看到一些小燕子在屋顶上方飞来飞去。我忍不住停下来观看，不一会儿把老师吸引过来了。我有点儿激动，原来老师也这么有童心啊！你看见有哪一个老师能这样。

"你知道这是什么鸟吗？"老师说完，就贴近窗户探头仔细观看。

我也集中眼力，仔细观察近处的鸟："我猜这是一群小燕子。"

"人家早就去南方旅游了！""菜饼"反对。

"可你看他们黑皮毛，白肚皮，还有尾巴。"

"呃，这是当然！剪刀尾巴哩，瞧，还能动！"

我屁颠屁颠地跑到老师面前把刚才的话复述下来，老师高兴极了，两只亮晶晶的眼睛弯起来，笑得十分灿烂阳光，感觉年轻了好

多。

老师富有童心！嗯，心里装着天真，这是快乐的源泉。

这使我想起了我以前的语文老师——焦明老师。他一头乌黑"秀发"，无论何时都在笑。仿佛有笑不完的乐趣。和我们段老师一样，焦明老师也是童心未泯，尤其喜欢跟小朋友玩。

一次，我和刘依涵去老师办公室玩。碰巧老师正上QQ，刘依涵指着电脑惊呼："呀！老师网名叫gg，是'狗狗'的意思！"大约过了有一个"世纪"，我和老师肚子笑得都裂开了，只好找针缝！可老师却没责怪我们，反而露出了大白牙！

老师还求过我们当他女儿呢！当天我记得，老师问刘依纯："你家那么多女儿，不如你当我的干女儿吧！"刘依纯腼腆地笑了，可她妹妹却生怕姐姐被抢走，赶紧说："不行，不行！她毛病多多啊，要求高，首先要有好多零食，二要有好多漂亮衣服，三要有好多漂亮衣服，四要有好多漂亮衣服，五要有好多零食，六要有……"呵呵！焦老师又露出了大白牙。可爱的焦老师啊！也有着一颗天真的童心！

003

如果现在的大人都装着天真的童心看世界，我敢说他们一定会有新发现，一定会更快乐！

童年的味道

牛怡心

夏天的中午，树上的蝉鸣总是惹得人们心思荡漾。在声声的蝉

童年的泥巴

鸣里，我的思绪也常常被拉回到那悠远的童年，忆起那份美味的炸金蝉。

夏天的晚上，村子里的天空上总会"灯火闪耀"，我家的树林里也不例外。这个时候，奶奶总是拿着手电筒，在树间寻找一种很常见的动物——蝉蛹。奶奶的技术很熟练，总能在朦胧的夜色中，在那嶙峋的枝干、粗糙的树皮上，准确捕捉到一只只慢慢蠕行的蝉蛹，眼疾手快纳入囊中，一会儿就满载而归。

第二天早上，只见奶奶用水把它们清洗干净后就直接下锅了，油到锅里面"吱吱"乱叫，蝉入锅后油烟四起。奶奶熟练地翻炒着蝉，看着已经八成熟了，放两勺盐进去，蝉那金灿灿的外壳，顿时散发出咸香的气味。我趴在窗口外面，眼巴巴地瞅着，奶奶看见了，忍不住打趣我："瞧你那馋样！"啊！此时我的口水都已经"飞流直下三千尺"了。

我拿了一双筷子，迫不及待地从锅里夹出一个蝉，看着它黄灿灿的表面，我的口水再一次盈满口腔，可心急吃不了热豆腐，我跑到风扇下，快速"风干"它。

终于，我把它放入了嘴里，刚入嘴的那一刻，它的四脚尖尖的，有点儿扎，我有点儿不敢下嘴。一番试探后，我把它全放了进去，我的唇齿之间开始咀嚼，"咯吱咯吱"的声音充斥着我的耳朵，渐渐，盐的味道开始慢慢爆发出来，我又咀嚼了几下，盐的味道在嘴里更浓郁了一些，我渐渐地咬开它的身体，软绵绵的。金蝉下肚，我吧唧着嘴，不断地回味。看着我那贪婪的吃相，奶奶笑成了一朵花："看你，慢点儿吃！还有呢！"

我顾不得回嘴，盯着那个碗，又立马夹了一个放进嘴里，还是那样的味道，那顿早饭，我吃得满嘴都是油。

后来，我在饭店也吃过几次炸金蝉，但总感觉不如奶奶炸得新鲜醇美。奶奶做的金蝉香一直萦绕着我的童年，奶奶的勤劳慈爱也一直伴随我成长，让我感到快乐和幸福。

童年的泥巴

张明月

　　童年，已渐渐远去，但那童年的泥巴却永远留在了我的记忆里。

　　最初，是村里几个大孩子在玩泥巴，他们用红土或黄土和成泥巴，捏成手枪、飞机的模样，在我们面前奔来跑去，脸上写满得意。我们看了很是羡慕，却也很不服气："哼！我们也能做出来！"于是我们几个小伙伴拔腿便奔向村南的红土坡，完全没有注意到"老天爷的脸色"。

　　红土坡，真是一片美丽的田野，绿绿的庄稼间闪烁着红油油的光芒。我们一个个像饿狼找到可口的食物一样，向它"扑"了过去，甩开小手，扣开土地，挖掘最松软、最湿润的红土，塞满随身携带的塑料袋。很快，我们便满载"战利品"，哼着歌儿蹦蹦跳跳地往家里走。不料，天上下起了蒙蒙细雨。然而我们并没有把这当回事，继续又说又笑，慢悠悠地往前走。也许是老天爷责怪我们太贪玩了吧！雨竟下得越来越大，毛毛雨变成了瓢泼状。我们连忙拔腿便往家跑，慌忙中我"啪"的一声，摔了个"狗啃泥"。喝！我还没等玩泥，就变成了"大花猫"！

　　就这样我怀抱泥巴，浑身是泥，深一脚浅一地回到家，自然挨了父母的训斥和责骂。

不过，雨过天晴，我们便把训斥和责骂抛到了脑后，迫不及待取出泥巴，开始捏了起来。晓天造了个宝剑，那么细长，我做了一半却断掉了；小星捏了个小兔，很可爱，但我捏成了胖猪……到最后，我用仅剩的一块红泥，捏了个大月亮，红红的，弯弯的，蠢蠢的，但我很喜欢它。

都捏好了，我们抬起头，互相端详，都指着对方笑起来，笑得前仰后合——我们都变成了"花狸猫"了！笑过，闹过，我们便把自己的作品放到阴凉的角落去晾——听大人说，用太阳晒是会晒裂的。

等待泥干的过程是"漫长"的，猴急的我们一会儿就去看一遍，摸一下。可结果，才过了一天，他们捏得好看的泥巴都咧开了嘴，而我那弯弯的红月亮却干了，结实了。我很喜欢它，每天睡觉还握着它——这是我的第一件作品！可好景不长，爸爸在给我盖被子的时候不小心把它摔碎了。

啊！我那童年的泥巴也一去不复返了！我的童年也一去不复返了！

再也没有那快乐的童年

董兆瑞

童年像一盏茶，醇香悠远，回味无穷；像一杯咖啡，苦涩中含有丝丝甘甜；还像一杯牛奶，煦暖而又纯真……但我再也没有那甜蜜的童年！

春，微风，温暖。

在这样的春日里，我和小伙伴聚在一起玩捉迷藏。在兴奋地"手心手背"竞争"猎人"之后，紧张刺激的游戏便开始了。我遵循"最危险的地方就是最安全的"准则，蹑手蹑脚地躲进了离"猎人"最近的一个瓦缸里，轻轻盖上木头盖子，静静等待"胜利"。接下来就是一片惊声尖叫，呵呵，他们都别发现了！然后，是一阵细碎的脚步声。"不好，他们发现我了吗？"我处于好奇，小心推动盖子，露出一条缝隙。原来他们聚集在一起合谋捉拿我呢！我不禁又兴奋又好笑，弄得盖子吱吱响。不料这引起了他们的注意，就在他们疑惑纳闷时，我干脆从缸里跳了出来："哈哈！我最后！我赢了！"

回忆着那时的喜悦，笑容便情不自禁地在脸上绽放。但，我再也回不到那快乐的童年……

秋，风紧，稍寒。

在这样的秋日里，我和我的"对头"聚在操场，准备用赛跑来一决高下。"裁判员"一声令下，我们就像追捕肥羊的小猎豹一样乘风飞奔。不一会儿，他拉开我一段距离，我着急慌乱，一个趔趄扭伤了脚踝。谁知，奋力奔跑、遥遥领先的他，竟然在扭头发现一瘸一拐的我后停下了向前的脚步，转回身，扶起我向医务室走去。斜靠在他那又宽又厚的臂膀上，我感受到的是一种莫名的温暖，融化了我们由来已久的"积怨"。

从此，我们成了好朋友，一起疯，一起玩，一起奔跑，一起学习。但，现在分隔两校的我们再也回不到那苦尽甘来的童年……

童年就像逝去的流水，满载着我童年的嬉戏，童年的挑战，童年的故事……一去不复返。只留心间那回味无穷的快乐，那温暖、纯真，融化苦涩的丝丝甜蜜！

第一次学会宽容

孙雯琪

我是个率真加天真的女生，但是我也很严厉。我不会在别人做错事时宽容他人。因为这，"人高马大"的我便成了班里公认的"女魔头"。

金黄色的秋天，一个撒满阳光的下午，微风轻柔地吹着。

"铃铃，铃铃……"学校的午休铃响了，我独自一人朝教学楼那边走去。

进入教室后，除了几个男同学的打闹声外，再没有任何声音。

我没有理会他们，径直走到我的课桌前坐下，便安安静静地看起书来——我讨厌噪音。

事情总是那么变化莫测，出人意料。那几个打闹的男同学，可能是由于太过兴奋了吧，一不小心碰到了我的课桌，笔袋中的笔"哗啦"一声掉了出来。

正陶醉在书海里的我，书中画面瞬间全消，火气不由"腾"地一下冲上心头——我杏眼圆睁，恨恨地盯着这几个惹祸的男生，空气顿时凝固。

那几个小个子的男同学吓坏了，一动不动地站在那里，一句话也不敢说，像犯了罪的犯人。

看到他们瑟瑟缩缩的样子，我忍不住可怜起他们来。我没有大发雷霆，只是用略带生气的语气对他们说："下次注意点！"那几个男生一听，立马喜笑颜开，笑着跑了出去。

看到他们那么开心、放松的样子，我也忍不住笑了起来。这是我第一次在别人做错事时宽容他人，也是第一次感受到宽容给我带来的快乐！我学会了宽容，我找到了快乐的源泉。

学会宽容，相信我们的生活会永远充满灿烂的阳光！

我们班中的男子汉

任威威

每一个班级中都有男生，而在这些男生中，也必定会有男子汉的存在。

关心同学，乐于助人

他白白的，胖胖的，身高中等；他有一种美好的品质和一颗有担当的心，他关爱同学，乐于助人。一个夏日炎炎的下午，教室里的水桶已是"弹尽粮绝，滴水尽无"，刚上完体育课的同学们面红耳赤，气喘吁吁，急需"救命之水"。就在同学们面面相觑时，他从口袋中掏出一张水票，直奔隔壁班，和老师商议之后，他搬来了一桶满满的水。同学们顿时欢欣鼓舞，纷纷拿起水杯冲向饮水机……可他，是最后一个接水的。他没有丝毫抱怨，相反，却全程笑呵呵。

困难之下，他为同学们做好事，舍己为人，这才是一个真正的男子汉！

困难当头，勇往直前

一个课外活动，老师开完会后，布置了一项"紧急"任务："明天学校检查卫生，现在'征召'一部分同学去室外打扫卫生区，其他同学写今晚的作业。"老师话音刚落，角落里便传来一声大叫："老师，我去！"同学们不约而同地向角落看去。是他，他高高地举起右手，嘴角微微上扬，目光清澈阳光。在他的感染力下，又有好多同学自告奋勇，高高地举起了手，你争我抢，积极参与班级事务。他带领着那一部分同学，扛起卫生工具，直奔我班卫生区，开始打扫卫生。

责任当头，他勇往直前，起到了模范作用，这才是一个真正的男子汉！

美好品质，日益渐增

新学期的开始，同学们的变化不少，都有了对责任的担当。他的美好品质，日益渐增。他偶尔会挑起不少事，但这总会以和平而告终。那天，一名同学不知为何而伤心哭泣，他走到了那位同学的面前，低声不停地安慰，可是这似乎不管用。他灵机一动，换了一种方式。只见他在原地左蹦右跳，做起了鬼脸。这招还真奏效。那位同学抬起头，由痛哭流涕变得哭笑不得，惹得我们全班同学都笑得前仰后合，全班沉浸在这欢乐的气氛中。

他给我们带来了快乐，带来了无穷无尽的欢笑！

他就是我们班的男子汉！他才是真正男子汉的代表！

我最熟悉的人

王熙来

我最熟悉的人是我的朋友崔晟宾。

崔晟宾长得很像"非洲人"——他的皮肤很黑，同学们开玩笑：如果非洲人来了，很有可能把他带回去。他非常爱笑，一笑就会把白白的牙齿露出来，黑白映衬，整个一个"阳光男孩儿"。非洲人特别擅长奔跑，崔晟宾呢，也是如此，人送外号"飞毛腿"！

一次体育课上，曹老师让我们进行跑步比赛。"准备好了吗？预备——跑！"只听曹老师一声令下，同学们就像箭一般飞奔出去。可是，我们队弱将多，强将少，不是"老弱"就是"病残"，所以慢慢地我们队就落在了后面。正当我们急躁不安、唉声叹气时，只见崔晟宾像闪电一样"飞"了出去，"唰唰唰"连超数人，最终赢得了冠军！"我们胜利了！胜利了！"我们兴奋地跳了起来。真是多亏了崔晟宾啊，要不然，我们就"名列后茅"了。

所以，在运动会上，崔晟宾就是我们班的"体育形象代言人"！——他像猎豹一样连获多个项目的第一，一次次我们都会为他欢呼雀跃。

不仅如此，崔晟宾的学习也很出色。

在做《数学乐园》时，我被一个题目难住了，不过看了看本子上

童年的泥巴

的答案我就又写上了。嘿！幸好我还留着那个本子，那个本子上的题是经过家长讲述才明白的。放学后，崔晟宾告诉了我答案"，并讲出来为什么。我惊呆了，我会做是因为家长讲过，而他会是因为他思考过。他真是值得我学习！

别的课上，他也是很认真。一节英语课上，张老师正在讲题，我碰了他几下，他就是目不转睛，还小声提醒我："认真听讲！"语文课上，他也是这样，端正坐姿，认认真真、仔仔细细地听讲。并且每当霍老师提出一个问题，他都积极回答：一次、两次、三次……数得我都目瞪口呆了，他可真是又严谨又积极呀！

怎么样？我这个朋友值得我们佩服吧！不信，你就去看看呗！

我们班的"牛"人

蔡新宇

牛者，本领如牛、实力如牛也。我们班就有这样一个"牛"人，他就是我的同桌。

"牛"人长相颇"牛"：牛高马大，牛面大耳，一副勤奋之牛的模样。

可是和他同桌第一天，他却令我大失所望，他非但不勤奋如牛，反而酣睡如猪——第一节课他就埋头大睡，真是让我心生厌恶：有这样一个同桌真是倒霉，他学习不好还算小事儿，万一他是个坏学生，干扰我学习可怎么办？于是我每逢上课便扭转身子尽力远离他，下课也不理睬他，唯恐他影响我学习。

　　第一次月考结束，我成绩理想，正手抻试卷自得欣赏之时，眼角余光瞥见同桌的试卷。咦？他竟然比我高了五分。霎时疑云布满我的心中：这不可能，这家伙天天睡觉不可能考这么好！肯定是作弊了！一定的！必须的！

　　于是，我破天荒主动开口追问他：是不是作弊了？是不是作弊了？……他却一言不发，秘而不宣，上课仍是"牛"眼惺忪。

　　直到期中考试结束，他又一次用实力证明了自己，我才闭上了我喋喋不休的嘴。可是我仍然疑惑不解，直到"老班"在一节课上戳着我的脑袋训斥我时才幡然醒悟："别看你同桌上课总是睡觉，可他是眼在睡觉，心在听课，而且听课效率非常高。你呢！是眼在听课，心在睡觉！专心点儿吧！"

　　"老班"一语惊醒梦中人，我仔细回想，还真是这样：那"牛"小子虽然常常趴在桌上，可常常点点画画，应该是在认真记笔记；可我却两眼圆睁常常走神，天南海北浮想联翩，有时老师叫起我回答问题，我都不知道讲哪儿。这牛人的确真牛，他是一头睡牛，更是一头醒狮啊！

013

　　从此上课，我努力集中精神；而我的同桌——牛人依旧上课"睡觉"。可我却不那么讨厌他了，反而成了学习上的密友，我们互相提问，经常切磋。期末考试，我俩的成绩又提高了不少！

　　我真心感谢我的同桌，他实在是我身边的牛人——长相牛，上课睡觉、学习照"牛"的牛人，一个带给我深刻人生启悟的牛人。

胡同槐香

孙智新

记忆里有一个胡同。胡同很宽,青砖红瓦,胡同里有一棵槐树。树很年轻,挺拔盎然。

春日,门前胡同里。爷爷的蒲扇轻摇,我依偎在他怀中,吵着闹着要听爷爷的故事。爷爷自然是禁不住我这般撒娇的。于是,故事的乐趣伴随着爷爷慈爱的笑靥,娓娓舒展开来……勾得春风也吃吃浅笑,洒落槐香丝丝缕缕,酝酿起故事的高潮。那匹诺曹的调皮可爱,孙悟空的神通广大,伴着那初绽的槐花醉在了心里……

太阳姣好,槐花绽满枝头。门前胡同里,伙伴们打闹着,不知谁的提议,大家东躲西藏,玩起了躲猫猫。你追我赶的嬉笑,萦绕在槐树下,溢满在胡同里……

初夏清风款款,蕴藏了暖意,将一张张小脸映得红扑扑的。不知是谁藏在了漆红的大门后,却不小心露出了鞋子。灌木丛中的某个伙伴,许是禁不住夏蚊的叮咬吧,于是乱动之时也被发现了。墙角处的我不禁得意,然而在这时,身后小手的轻拍,吓得我低声惊呼。唉,又被发现了!伙伴聚到一起,却发现不知少了谁,于是大家分头去找,末了,未找到。就在大家一致认定他躲到家里去了时,突然,下起了一阵槐花雨,树叶的清香,凋零的花香更加浓郁地钻入鼻中,带了一丝调皮的清凉。大家抬头望去，惊讶的目光迎上了树梢欢快的笑声。呵，原来他藏在了树上！

一枝枝槐花被抛下，沁凉的醉意塞在口中，浸入心里，散开了记忆……

这些画面无数次徘徊在梦中。那习习清风，摇曳起清凉；那娓娓故事，生动依旧；那飘零的槐香儿轻旋，美丽旖旎……

小时候，曾认定这美好会到永远，然而时光悄然逝去，再回童年的胡同时，楼房林立，灰色的水泥地抹去了曾经的槐花满地。

面对这"焕然一新"的一切，我的心有些悲凉。我知道，我已不是那曾经的小孩儿。但我的记忆里却深深烙刻着：这里有个旧胡同，胡同里有棵老槐树，槐香甜蜜……

我的音乐生活

杨成语

听妈妈说，儿时的我对音乐就有一种特殊的情感；每当节奏鲜明的音乐响起，我总会不由自主地扭动幼小的身体，挥舞起肉乎乎的小手，小脑袋还"鸡啄米"一样颤动着……

第一次走进音乐学校宽大的玻璃门，我一下子就喜欢上了那泛着晶莹色彩的黑白键盘，爱上了在那纤细的五线谱中跳动的婀娜多姿的美妙音符。我每一堂课都听得十分认真，生怕哪个音符没有被我找到而溜了。我渐渐沉迷在音乐的世界中，仿佛自己也变成了一个活泼可爱的音符，与大家共同组成了一篇优美的乐章。

第一次上台表演的情景至今我还记忆犹新。站在灯光璀璨的舞台上，面对台下满满的观众，紧张感油然而生，手也微微颤抖起来。我深吸一口气，闭上眼睛努力回想那熟悉的旋律、那熟悉的曲谱，慢慢地，心里的恐慌消失在温热的空气里，我把渐渐稳定的双手搭在冰凉的键盘上，开始了我的第一次演奏。流畅的音乐从指间倾泻而下，把我和观众引向一个色彩斑斓的梦里，梦醒来时，台下爆发出一阵热烈的掌声，妈妈用温暖的眼神"拥抱"我，老师也用赞许的眼光注视着我。我知道我成功了！激动的我飞奔下台扑向妈妈温暖的怀抱。

又过了几年，我的电子琴学业圆满结束。可我不想就这样放弃音乐，我要在这音乐的旅途中走下去，于是我又继续学习双排键。

双排键的手上有两排琴键，脚下有一排。虽然看着很好玩，但比我想象中的要难学，手和脚的协调必须要做好，否则曲子就不会练成，这将是个长期不断练习的过程。我每天都要抽时间练习，寻找练琴的方法、要领。工夫不负有心人，我所钻研出的方法很适合快速地

016

练习。不久，我的第一首曲子《剪羊毛》完成了。我乐此不疲地弹这首曲子，沉浸在成功的喜悦中。直到现在有许多高难度的曲子已收在我的"麾下"。我也十分享受沉浸在音乐世界里的每一分钟。

我热爱音乐，疲惫时，那淙淙的乐音安慰我的心灵；遭遇挫折时，那铿锵的旋律点燃我前进的激情——音乐开启了我的灿烂人生。我会在音乐的道路上一直向前，走向梦想，走向灿烂的明天。

请你原谅我！

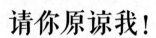

王 孜

在我的心中有一片花园，花园里的朵朵鲜花都阳光灿烂。但是有一朵低着头，有些不快乐，因为它记载着我的一件放心不下的事。

你还记得吗，周二的最后一个课间，班里很热闹，我要拿起你的那个非常可爱的小熊文具盒。那只小熊瘦瘦的，两只圆圆的耳朵，凹眼睛，凸鼻子，真是可爱极了！那时，文具盒在腾志远那儿，所以我就模仿抢劫的语气，对腾志远大声说："交出小熊！"并且立马向小熊扑去，抓住小熊头上的一根绳带就是猛地一拽，那根黄黄的绳带突然间就断开了，小熊脑袋上也裂开了一道横着的口子。

"小熊死了！"

"啊？"我心中忐忑不安，心跳加快，这可怎么办？

那时，你突然站起来，伸出手，带着哭腔说："你赔我小熊！"说完，你背上书包一扭头就走掉了。

我也背上书包，回到了家。可是我回到家里，却写不好作业，吃不下饭，因为我把你的小熊脑袋拽坏的事情一直在脑中回荡。我真后悔，我真不该拽断小熊的绳带，真不该让小熊头上裂开那么一道口子，也更不该去抢那只可爱的小熊……唉，再怎么后悔也来不及了，还是面对现实吧。

017

周三中午，你又对我严厉地通告："下午必须赔我小熊！"我的心又开始忧虑起来，好似一座大山压在心中，又好像大海在心中汹涌，更好似一座闷了千万年的火山想要喷发，却找不到突破口！

回到家，我又一遍遍地后悔：我真不该拽断小熊的绳带，真不该让小熊头上裂开那么一道口子，也更不该去抢那只可爱的小熊……

最后，我终于想通了，我打算买一只一模一样的小熊，并当着你的面，对你说声"对不起"。因为我知道，做错事，就要承担责任！

你能原谅我吗？

记忆中的伤痕

田俊忠

018

那年夏日，熏风闷热，让人情绪低落。小草在灼烧中挣扎，花朵也失去了往日的魅力，低下了优雅的头颅，蜜蜂则躲藏在绿荫中休憩。

我一连几天待在狭小的"囚室"，无奈地"复习"着连台词都能背过的动画片。最终还是耐不住烦躁，我穿好衣服关上电视，来到街口绿荫下，四面寻觅。不久，便瞥见前面胡同口出现两个人影，目似我的两个发小。我向他们挥手示意，他们随即箭一般地射了过来。

"把大家都约出来，我们玩推车游戏吧！"我提议。于是我们分头寻找"猎物"，不一会儿，便聚集了六个小伙伴。我从家中推出了一辆独轮小推车，三人一组，一人坐车一人推车，轮流推，累计推出距离最远者为胜。小伙伴们个个摩拳擦掌，情绪高昂。

比赛开始，第一个上场的是年龄最小的队友，他的身材比起他的孪生哥哥较为健壮，不知为何他哥哥体弱多病。只见他屈腿，弯腰，臂展，蹲成一个马步，一个深呼吸车子动了，动了！独轮车载着一个几十公斤的对手，在略有些崎岖的水泥路上看似艰难却有力地前行着。随着距离的推进，终于，他在我们的欢呼声中停了下来，脸上露出会心的笑意。"十五步！挺棒！"我在心里为他暗暗感到自豪。

最出乎我们意料的是他的孪生哥哥，体弱多病的他竟然凭借着顽强的毅力与不放弃的信念，推出了十四步的好成绩。他应该全力以赴了吧，看着他那羸弱的身躯、涨红的脸、专注的眼神，我为他叫好的同时，自己也倒吸一口凉气：我可不能"掉链子"——毕竟我是最大的，这关系到我的权威和地位。

轮到我啦，为了权威与地位而"战"的我，手心有些冒汗。我一个箭步冲到车前，屈腿，沉腰，吸气，呐喊，我一口气就推出了十步之远。"十一步、十二步……十八步！"，在伙伴的助威声中，我最终停在了十八步的距离上。第一应该是我的了！我按捺不住内心的激动与振奋！

019

敌方队伍也不甘示弱，两轮下来，我们旗鼓相当。最后一轮开始了，我飞身跳上车，眼看对手就要反超，我见局势不妙，仓皇之间略施小计——我凭借重力双手用力下压，果真奏效，车子开始侧偏。然而我来不及庆贺，光洁的额头却与坚硬的石块来了个亲密接触，霎时，血滴"四溅"。我摔倒了，推车的人也吓坏了，手忙脚乱之中大家把我快速送到门诊，还好保全了小命，只是额头留下个疤。

每当摸到这条鼓鼓的伤疤，我总会记起童年的这次游戏，它让我记得童年的欢乐与狡黠，也时时提醒我人生无捷径，老实做事儿，踏实做人。

比 较

郝默涵

　　"我碰见你高叔叔了，你高研欣姐姐早就做完作业了，你看你，放假三天了，作业才做了多少？"妈妈提着从菜市场买回来的一包包蔬菜一回到家，就迫不及待地唠叨起来。

　　我一听这话，就心烦意乱，不满地翘起嘴巴："哼，又是比！比！比！比！"

　　昨天拿我和李翔宇比，我不如她利落，今天拿我和高研欣比，我不如她学习优秀，明天不知道又拿我和谁比呢？

　　"成天比来比去，烦不烦啊？"

　　妈妈沉默了许久，做饭去了。

　　吃饭时间，妈妈又语调轻柔地和我谈起了"比较"这个话题。

　　"其实啊，在日常生活里，比较是我们常用的一种思维方式啊。"妈咽下一口饭，继续慢条斯理地说，"比如，默涵，你的个子算是高还是矮呢？"

　　"嗯，那要分和谁比了。"我想了想回答。

　　"你看，这不就是比较的方法吗？你跟小兔子比，当然就很高了，跟姚明比，可就算个小矮子了。"妈妈乐呵呵地说。

　　我仿佛看见了我和"巨人"姚明在比身高的情景，那该是多么滑

稽啊，忍不住笑起来，手中的筷子也乐得掉进了饭碗里。

是呢，妈妈说得有道理啊："早晨起床时，我还问爸爸今天的温度，爸爸告诉我，和昨天一个温度啊，这不也是比较着说吗？还有，我上了六年级，自己感觉作业比以前重了，感觉到小升初的压力了，所以，我比以前更忙碌了呢。这也是在比较着以前的情况而言啊。"

我把自己想的这些跟妈妈交流后，妈妈说："对呀，明白了吧，比较是一种好用的方法呢。比较能帮助我们认清一些事物的位置和真相。"

听罢妈妈的话，我重重地点了点头。

"还有啊，你只有经常和别人比较，才能发现自己的优势和劣势。《论语》里的'见贤思齐'也是在比较这种方法下的自我修养啊。"

是呢，其实，我自己不也在暗地里跟李翔宇和高研欣比学习成绩吗？明白了这个道理，以后，我也许就会心平气和地对待比较了。

021

小事里的人生

韩柯瑾

人的一生中有许许多多微不足道的小事，而就是这些小事，让我慢下来感悟人生。

夏，雨后清晨。

天刚蒙蒙亮，空气中弥漫着雨的味道，循着这迷人的气味，我走下楼去，置身雨后清新的世界，我看到阳光打在雨珠上折射出一片美丽的光晕。我慢慢地走在石子路上，看见被洗过的树叶，绿得发亮，绿得透明。一朵朵淡紫、浅粉的牵牛花和不知名的白色小花在雨珠的衬托下，摆弄着优雅的身姿。刚刚睡醒的小草，打着哈欠，伸着懒腰，舒展开长长的手臂，对小鸟说着："早安，早安！"饱满的无花果朱唇微启，用怯怯的小眼睛打量着被雨水冲洗过的土地，唇边凝结的不知是露珠，还是喜悦的泪珠！火红的虞美人静静地望着天边，默默地守望着。

此刻的我昂起头望去，只见一抹彩色挂在天边朝我微笑，雨后的清晨奇特而又美妙。慢慢来，欣赏啊！我们会发现无穷的乐趣。

冬，慵懒午后。

午觉过后，怕冷的我窝在沙发上，脑袋晕乎乎的。歪头一看，瞧见桌子上静静地躺着几颗等待检阅的坚果。圆滚滚的巧克力色的小球樱桃般大小。它坚硬的外衣牢牢护住幼嫩的胚，甜甜的奶香直直地飘入我的鼻内，不偏不倚，勾起了我的馋意。口水似乎顺着嘴角缓缓地流下来。我一把抓住它狠狠地向地板砸去，只见它调皮地蹦到一旁，滚动着完好无损的身体。咧着嘴吧似乎是在嘲笑我。我试过锤子、钳子、螺丝刀，都打不开它！"坚"果，"坚"果，真是名副其实呀。正在我愁眉不展时，桌角一个翠绿色的信封引起了我的注意，打开一看，是一个开坚果的专用工具。要怪就怪我太不仔细。两指捏住"月牙"形的背，将凸起的一端轻轻插进缝隙，一扭，那乳白色的果实便滚落到我的手心，吞入口中细细咀嚼，一股浓浓的香甜感觉涌上心头。

如此微不足道的小事告诉我：做任何事都不要着急，先仔细思考，仔细观察再动手去做。

美好的事物需要我们用心去观察，用心去感悟。记住！慢下来，在细微小事中感悟人生，我们将会获得满满的甜蜜与快乐。

小 智 慧

李少奇

生活处处有智慧，等待我们用心去开启。

——题记

一

全家吃饺子，我自告奋勇去剥蒜。

挑选了一头身材匀称、白白净净的大蒜，就蹲下身子，埋头就干。外层蒜皮在我的搓揉下像雪片一样飞落垃圾桶，可是内层的就不那么容易了，它们像紧身衣一样紧紧裹在蒜瓣上，用尽九牛二虎之力都无法让它们干净地脱落。是我的指甲不够长，还是我剥蒜皮的办法不对头？几个回合下来我的鼻尖不禁冒汗，手指肌肉紧张，腰腿也酸痛起来。

颓丧地站起身，看一眼我的劳动成果，五六枚尚未剥净的蒜瓣遍体鳞伤、七歪八扭地躺在案板上，心有不甘：连几瓣蒜都搞不定，还算什么男子汉！不行，我得想个办法。干着不行，用热水泡泡会怎样呢？

说干就干，我转身，找一个水盆，拎起水壶，倒了半盆热水，抄

童年的泥巴

起剩下的蒜瓣丢了进去。只见那弯月形的蒜瓣就像一条条微型的小船在水中滴溜溜地打转，过了一会儿，捞起一瓣两只一对轻轻用力，蒜皮溜溜裂开，整片脱落，一枚洁白莹润的蒜瓣跃然手中！有一瓣头上还微露一髻儿浅绿色的嫩芽，仿佛在为我点赞：只要肯动脑，生活处处有智慧。

二

我喜欢吃手擀面。看母亲做得手指翻飞，面白爽滑，也忍不住想试一试。

擀面先和面。我先找一个不锈钢面盆，倒入约五分之二的面粉，再接一碗水。然后学母亲的样子，左手端碗淋水，用手拿筷子搅拌。可是心情实在是太紧张了，端水碗的手开始竟然直打哆嗦，一滴也倒不出来。心一横，用力抖动手腕，竟又"哗"的一声整碗倒下，那情景可真是壮观，面粉一下被冲开，粉尘飞腾，犹如田野发洪水一般。我赶紧搅动，雪白的面粉和水混合，渐渐变得黏稠，变成乳白色微泛淡黄的面糊。继续加面，我弃筷用手，气沉丹田，将全身之力运于手掌，迅速揉捏。不一会儿，手上、腕上便都沾满面糊，五指也被粘住，难分难解，煞是狼狈。这可如何是好？

我不禁暗暗思忖：粘手？如果手上略沾一点儿油，会怎样呢？说干就干，我搓开两个手指，捏起一根筷子，汲几滴油点到手掌心，顿时手掌金光闪闪，犹如蓄力待发的少林高僧。然后重新运掌发力，啊，这次果然顺滑许多，不一会儿面糊就被我揉成了一团质地均匀的圆团，静卧在微褐色的原木案板上。

生活处处有学问，只要我们细心观察，用心思考，努力尝试，我们一定能找到智慧的钥匙，获得成功的快乐！

第一次学骑自行车

王延鹏

　　人生中，有许多的第一次，我印象最深刻的莫过于第一次学骑自行车了。

　　那是六岁的时候，正值秋天。

　　爸爸给我买了一辆黑底红纹、非常炫酷的自行车，并严肃地对我说："你长大了，一定要学会骑自行车！"看着老爸严肃的神态，我不由自主地点了点头。

　　从老爸手里接过自行车把，车把凹凸的纹理握在我的手心，我既兴奋又紧张。兴奋的是，我终于可以骑自行车了，可以像风一样飞驰。但一想到：我能学会自行车吗？万一学不会是不是太丢人？！想到这儿，就不由得手心冒汗。但抬头看到老爸期待的神情，我还是深吸一口气，跨上车座，伸腿蹬车。也许是老爸没有想到我会这么快就骑上车，也许是因为自己用力过猛，自行车竟然如同一匹野马，一摆一扭，把我从车座上重重地摔了下来。好痛！可怜我那小胳膊肘儿，瞬间就蹭掉一块皮，渗出殷红的血丝。

　　但是我不死心，在老爸的鼓励下，我站起身，又爬上车座。第二次，我吸取了第一次的教训，在老爸稳稳的扶持下，开始慢慢用力，车轮慢慢滚动，动起来了。我顺着门前的小路一直前行，感觉到风从

童年的泥巴

脸上吹过，凉凉的，很惬意。我有些按捺不住心中的欣喜，在掉头拐弯的时候又一次从车上跌落。这次，膝盖着地，瞬间就肿了起来，疼得我龇牙咧嘴，半天爬不起来。

老爸伸出手，笑着对我说："不赖，骑得挺好的。不要遇到困难就想放弃啊！起来！放松一点儿，加把劲儿就行了！"我握住老爸的手，一股强大的力量把我拉离地面，我重新站了起来。我努力放松自己的身体，重心放低、放稳。果然，我越骑越好。半天下来，我已经能够脱离老爸的扶持自由翱翔了，行驶在树林荫翳的小路上，清风从耳边掠过，就像飞翔的小鸟，那感觉真是无比的骄傲和自豪！

第一次学车，我明白了只有坚持，不断吸取经验，就没有什么事情是无法完成的。努力尝试有意义的第一次，相信我们会拥有更加精彩的人生。

026

难忘那张脸

高杉杉

在我的记忆中，有一张脸，一张平静、沧桑却漾满笑意的脸，始终萦绕于心，难以忘怀。

夏日炎炎，我站在坏掉的车子旁手足无措，傍晚时分了，放学已经半个小时，可我还没到家。公交车从我面前经过，摸摸口袋，只剩下五毛钱。我推着车子缓步前行，慢慢地向前走，眼见着最后一班公交车从眼前快速奔驰而过，卷起一阵风，我几乎要站立不稳。街上的行人很多，来来往往，但没有谁注意到我。

忽然，我看到了一位白发苍苍的老人，他靠着一棵树，在人行道一角正专心致志地修轮胎。本想过去，只可惜囊中羞涩，只得推着车子黯然神伤。

经过老人身边时，他低垂着的头抬起来，迅速地看了我一眼，嘴角沁着笑，眼角弯成了月牙，和蔼地对我说："你车子坏了吗？怎么不骑？"

我点了点头刚想说"可我没带钱"，老人就帮我把车子抬到了人行道上，停车，立撑，弯腰捡起地上的螺丝刀和扳手，蹲下身，翻开轮胎，在水盆中仔细检查我的车内胎。我窘迫地拿出五毛钱，小声地问："修车要多少钱？"心里却知道怎么说也得五块钱吧，怎么可能五毛呢？他抬头打量我一眼，又笑着说："五毛钱。"五毛钱？我愣住了，他仿佛看出了我内心的疑惑，再一次重复道："小毛病而已，只要五毛钱。"

我信了他的话。他从旁边掏出一个小马扎，拍拍小马扎，示意我坐下。我激动地坐下，静静地看他熟练地为车胎补上两个精巧的黑色补丁，心里泛起一种说不清、道不明的感动——为这个老人的热情善良，以及努力维护我自尊的那份善解人意。

027

修完车，他接过我那寒酸又皱皱巴巴的五毛钱，再次向我微微一笑。我注视着他那张笑脸，一张皱纹横生、历经沧桑的笑脸，一张漾满温暖和善意的笑脸，一张平凡而不普通的笑脸，一张让人难以忘怀的脸。

时光流逝，我常常想起那张笑脸，它让我时时关注生活中每一个需要帮助的人，教我把这份善和暖传递给他人。

童年的泥巴

爱的力量

董兆瑞

花儿开得美丽灿烂，是因为有阳光的关爱；小草长得茁壮旺盛，是因为有雨水的滋润；大树耸入云天，是因为有土壤的供养——是爱的力量让它们生长！

春，微风，温暖。

针扎一样的剧痛，让我从美梦中惊醒，我忍不住在床上翻滚。呻吟声惊醒了隔壁卧室的父亲。父亲连忙帮我穿上衣服，带我去医院。在医生为我按摩、打针的过程中，父亲一直用他那宽大的手掌握着我因疼痛而颤抖的手，他一直用关切、温和的眼神注视着我，仿佛在安慰我、鼓励我："不要怕，我会一直陪伴你！"在那阳光般温暖的关注下我心情渐渐放松……

哦，是父爱的力量让我变得坚强！

夏，多云，炎热。

在蒸笼一样的酷暑天里，我和母亲去超市"批量采购"。满载一车大大小小的用品，正准备去柜台结账，却被长长货架后忽然"冒"出的一个男子撞倒，满车的东西散落了一地。我不禁又急又恼，正要上前理论，却被母亲轻声制止："做人要宽容。他不是故意的，我们不要因为这样的小事儿斤斤计较。"当我按捺下心中的埋怨，慢慢捡

拾起散落一地的货品，抬头遇见的是来自四周的默默赞许。

哦，是母爱的力量让我变得宽容。

冬，寒风，稍冷。

体育课上，老师要测试立定跳远。由于我的紧张和不自信，我犹豫许久，迟迟没有起跳。同桌仿佛看出来我内心的恐慌，他悄悄地走过来，凑到我的耳边笑着低声对我说："不要想太多，不就是个跳远吗，一横心，一咬牙，就出去了！"这俏皮的话语瞬时化解了我内心的害怕，我真的一咬牙，勇敢地向前一跃。回首我刚刚踏下的深深足迹，听着那令人欣喜的数字："一米八〇！"我知道自己已经迈出了成功的第一步。

哦，是友情的力量让我变得勇敢无畏。

爱的力量使我们成长，让我们变得坚强，懂得宽容，学会勇敢面对人生的挑战，紧紧把握成功的方向！

暖

乔智成

春风拂面，阳光暖暖地洒在身上，异常的舒适。可我却不断地挠头，心情异常烦躁，这道题我思考了半天，却连半点儿思路也没有，我真想把这道试题撕掉！

同桌发现了我的异常，他眼光一看到那道试题就明白了怎么回事。他拉过试卷，主动对我说："我给你讲讲吧！"我有些诧异，还

童年的泥巴

有些许不解——刚刚我们还因为我占了他的桌子而大吵一架,他怎么这么快就不计前嫌?莫非他不是我想象的那样因一点儿小事儿就会生气的"小人",而是我太小肚鸡肠、斤斤计较?

然而不容我怀疑,他拿起笔就开始讲解。他讲得很慢,也很仔细。春日的阳光洒在地上、桌子上,还有他的身上,他手中闪闪的笔上,甚至他耐心细致的语言也跟着闪烁、发光起来,一切都那么温和,闪闪发光。

他看到了我怀疑迷茫的目光,知道我没有听进去,于是,他重新开始,更加仔细地给我讲了一遍,每讲一步都会停下来等待我思考消化。这一次,我不再怀疑,终于有了一点儿思路,眉头有些舒展开来。

原以为他会就此停止,谁知他看出了我心中还有一些疑惑,于是变换一个角度,再次开始了讲解,顺着他的启发,我的思路终于像春天解冻的溪流开裂、流动起来,笔下的数字和符号也变得流畅圆润,在温暖的阳光中像美妙的音符一样悦动、飞舞着。划上最后一个符号,我们不禁同时抬起头,目光对视,感觉春日融融,阳光熠熠,一切都是那么美好。

是啊!生活中我们常常会遇到这样那样的不如意,朋友间常常会发生这样那样的矛盾,可是只要有一颗热热的心,一份暖暖的情,我们总能化解所有的不快,获得无尽的美丽和幸福!

不一样的爱

王延鹏

六岁。

一个小男孩儿在篮球场上练轮滑，旁边站着他的母亲和父亲，母亲在一旁呵护他，一次次指导他，而他的父亲在一旁沉默地站着，没有一句关心，没有一句指导，没有一丝安慰。那个小男孩儿摔了又摔。两只手都沁满了殷红的血丝。他的父亲依旧沉默地站在一边，冷冷地看着他。而他的母亲，连忙跑过去，鼓励他站起来，那个孩子坚强地站了起来，望了望充满慈爱的母亲，又望了望冷漠的父亲，倔强地，一步步、一步步地练着，终于，那个小男孩儿成功了——他自由地摆动双臂，就像展开翅膀，划着优美的弧线在银灰色的篮球场上飞驰。

八岁。

考场上，那个男孩儿奋笔疾书，以优异的成绩获得全班第一名。他捧着鲜红的奖状，兴奋地跑回家去，向爸爸妈妈汇报这一重大喜讯，奖状上金黄色的花环和徽章照亮了他的双眼，也照亮了妈妈的笑脸。而他的父亲，依旧冷漠地站在一边，仔细查看了他的试卷，摇了摇头，叹息着说："这种题都能错，真不该，不值得表扬！"说完，他冷冷地走了，留下那个男孩儿怔怔地留在原地。

十岁。

那个男孩儿不断地成长，床头边已经贴满各式各样的奖状。母亲常常凝视这些写满儿子姓名的大红奖状，一次次向人诉说儿子的成绩，为自己有个这样的孩子而骄傲。可他的父亲却在母亲一次次地夸奖后厉声说："撕掉，统统撕掉！"那个孩子非常惊讶，疑惑父亲为什么会这样做！

但是，今天，那个孩子明白了父亲的用意，父亲是不想让这些荣誉牵绊了孩子前进的脚步。

那个男孩儿就是我。我感受到了两种不一样的爱：母爱，如涓涓细流，给我无尽的鼓励；父爱，如沉默的大山，指引我，不让我误入歧途。

032

记忆中的天空

王晓曦

小时候，我常常仰望天空，家乡的天空造就了我的金色童年。

那时候，我躺在门前一大片草地里，让乳臭未干的小身躯亲吻着那充满了阳光气息的土地。我天真地张着我那双稚嫩的小眼睛，仰望着湛蓝的天空。天空之上，白云朵朵，真是"蓝蓝的天上白云飘"啊！那些洁白云朵，常常勾起我好奇的心灵：有时，那一片看着像一只大鸟，遮天蔽日翱翔天际；有时，那一片看着像一只小狗，柔软的尾巴翘上云霄；还有时，那一片看着像一个冰激凌，甜甜的诱惑着

我。就这样，想象的翅膀驾着白云朵朵飞上云霄。

有时候，我和小伙伴们在阳光下沐浴着金粉玩耍，时不时看到天上铺天盖地飞来一群麻雀，听着翅膀振动的"扑扑"声，大声叫起来，似乎是在庆祝着什么，又或许是被这美丽的景象所打动了。我们欢呼雀跃，似乎马上就要变成一只鸟，飞上蓝天，和它们一起飞到天边，去亲吻蔚蓝的天空，去呼吸清新的空气，去享受飞翔的感觉。微风拂过，吹动头发梢，带来了清凉，带走了我们童真的欢笑。

这就是我记忆中的天空。

而现在，即使再一次仰望天空，也并无感触。哪里还有散发着清香泥土气息的土地呢？回到从前的那一片草地，现在已经改成了一大片停车场，灰白色的水泥地无情地压迫在土地上。谁还愿意亲近这"坚不可摧"的"城墙"呢？抬头仰望，雾霾浓重，连续几天都这样，灰蒙蒙的，看不到希望在何方。天空之上，死气沉沉，我已经五年没有见到大片的麻雀飞过了！那一只我当年曾经为它欢呼的麻雀，现在在哪儿呢？那一群热热闹闹的麻雀群，现在飞向何方了？难道是那一望无际的蒙古大草原，还是那干燥的不毛沙漠，又或是捕捉候鸟的残忍猎人那密实的网里呢？

记忆中的天空终究是一个梦，它永远逝去了，永远消失在人们的目光中。或许有一只当年的麻雀正在云彩后面大声鸣叫："醒醒吧，贪心的人们！"但只剩下余音飘荡在死寂的天空之上。

其实，没有回声……

我是谁呢?

程荣琪

我是谁? 这个问题从我一出生就一直困扰着我。

我原来是一粒种子,被农民撒进土地里,我长呀长呀,终于撬开了坚硬的外壳,我努力探出头,睁大好奇的眼睛去观察周围。啊! 多么美丽的地方: 湛蓝的天空上嵌着一颗耀眼的太阳,温暖的阳光照射着大地,蓝天上成群的鸟儿愉快地嬉戏、打闹……我贪婪地呼吸着新鲜的空气,空气真甜! 还氤氲着淡淡的花香,真好!

我努力生长着,奋力地汲取周围的营养,终于,我长成了一颗饱满的橘子! 我满身金黄,急切地等待勤劳的农民把我收走,来发挥我的价值!

过了几天,我被运上货车。躺在厚实的铁皮箱里,我憧憬着: 我来到了一座美丽的城市,空气依旧清新! 可是,一个穿着制服的人打开车门,扑鼻而来的臭气袭入我的鼻孔——啊,原来是一堆垃圾,被无情地丢在路边! 我伤心地啜泣着,被粗暴地丢在一个硬邦邦的筐子里,运往一所学校食堂,摆到泛着冷光的不锈钢餐桌上。

"丁零零——",下课铃响了,一帮孩子鱼贯而入,一个小男孩儿一把把我抓起来,三下两下便剥开我的黄外套,野蛮地把我"五马分尸",讨厌! 最可恶的是,他把我吃了就算了,那是我的本分,橘子嘛，本来就是吃的！可是，他把我的身体挤成好几瓣，有的用力拍在白生生的墙上，仿佛刻意为它种下一棵橙色的牡丹；有的被扔向同学，汁液溅在人家的校服上，他自己却在那儿幸灾乐祸！

我，一个可怜的橘子，被挤碎了，种子、果皮、汁液到处是，我此时此刻是谁?我开始是一粒种子，又成为一株小橘苗，接着成为橘子……可现在，我，是什么？只不过是一堆可怜巴巴的垃圾！

正是这些种种不文明的举动，我们的地球才苦不堪言。森林退化、水土流失、土地荒漠化……也许，只要你随手把垃圾扔进垃圾箱，也许你只要不随地吐痰，地球就会好转，"勿以善小而不为，勿因恶小而为之"，保护环境，从不乱扔垃圾开始！

我，是谁？我只是一颗橘子，像地球一样，如果你们不珍惜，我就无法发挥价值；而加以利用，我们会给予你们力量，从今以后，保护环境，加油！

035

我爱绿色

秘小涵

我爱绿色，爱那挺拔的大树。我爱绿色，爱那温柔的小草。我爱绿色，爱那成片的大草原。

我的思绪穿越到儿时，看——

我那美丽的家乡，有挺拔茂密的大树，有一眼望不到边的草地，还有那潺潺的小溪流……我抬起头，温暖的阳光透过茂密的树丛照射

童年的泥巴

下来，有些刺眼，既熟悉又陌生。我走到清澈的小溪边，坐在草地上，闭上眼，静静享受："哗哗哗——"小溪在唱歌呢！真好听。我俯下头，小溪里还有几条小鱼儿在自由自在地嬉戏，它们看见我，像是受到了不小的惊吓，飞快地游开了。我不禁笑了，那么灿烂，像儿时一样。

"嗡——嗡——嗡——"我被一阵刺耳的声音惊醒了。原来是一场梦，我揉揉蒙眬的睡眼，穿上衣服，走出家门，大街上到处是拥挤的车辆，戴着口罩的人们，似乎都想快点儿离开这个阴霾满天飞的地方。

"天哪！"我大叫。可是声音很快埋没在车鸣中。我仰望天空，是灰蒙蒙的一片，犹如盖上了一层薄雾。我那蔚蓝的天空呢？那万里无云的蓝天呢？那草呢？那小溪呢？

没了，都没了，剩下的，只有街旁那孤零零的几棵小树，街道上一眼望不到边的垃圾。没有小鸟的歌声，只有车辆厚实的嗓子在发出"嗡——嗡——嗡——"的声音。我迈着沉重的步子，穿过几条街道，挤过拥挤的人群。只有高楼大厦，只有拥挤的车辆，只有浑浊的空气……

儿时的天空蔚蓝，儿时的溪水清澈，儿时的空气新鲜，儿时的大树挺拔……一切都变了！

我们的地球需要我们自己守护，我们的家园需要我们自己建设，我们的环境，需要我们自己保护。

我爱绿色，希望还我一个绿色家园！

遇见天空

蔡孝焱

2014年8月一个美好的日子，我走进了梦寐以求的彩云之南，走近了圣洁的玉龙雪山，遇见了人间最美的天空。

那是澄澈、通透的蓝天！一个终日处在灰蒙蒙的雾霾之下的人，永生不忘的真正蓝天！

清晨，红日初升。东边的天空泛着橙红，几朵柔软丰满的云悠悠地浮在天边儿，被染成金色。不多久，红润的太阳轻闲地攀上云天，虽是盛夏时节却不锐利，不刺眼，只是温润地立于东天，默默地将尚有一些青黑的天空点亮，抹上一层充满活力的嫣红。

这"红日初升，其道大光"的美景并不持久，太阳攀过东头便向西渐行，天空也便不复初时红润，只剩一汪湛蓝，蓝得透亮，蓝得干净，蓝得让我这个有些粗糙的汉子也不由为之一动。仿佛在这如洗的蓝空下，我也被净化了，充满了活力，充满了生机。

美好的时刻过得总是飞快，转眼就到了中午。这时太阳才真正释放自己的热情，原先静静的蓝色被太阳漂白了，白云也自觉退避，天空彻底变成了一片亮银的璀璨世界。不过蔽于树荫下，却仍是一份沁人心脾的清爽，这神奇的云南啊！

等到夕阳西斜，天空又是另一番景致。太阳倾泻下温暖的亮紫、

童年的泥巴

鲜红、橙黄……比太阳初始时更温暖，更内敛，更含蓄，更璀璨！紫得神圣，红得通透，黄得温馨，蓝得宁静……多姿多彩，却又干净，从不拖泥带水，忸怩作态，让人诧异，让我沉醉！

入夜，天空陷入一片漆黑，但仍然是黑得干净，天空澄澈，星月清爽可见，尽收眼底。

遇见不易，别时更难。几天的流连，我终究还是要回到那雾霾笼罩的穹顶之下，但我心中始终铭记着我在云南遇见的这份澄澈、真挚的蓝天。

不知何时才能再相见！

约会春天

田 静

"古木阴中系短篷，杖藜扶我过桥东。沾衣欲湿杏花雨，吹面不寒杨柳风。"轻声吟咏着这首小诗，不知不觉之间发现春天已经悄然而至。

走出家门，约会春天，你会发现电线上站满了密密麻麻的一排燕子，它们叽叽喳喳地谈论不停，像是在诉说自己眼中的春天。

门前的那棵杏树，让我最先发现了春的"行踪"。前几天回家时，这树枝还是光秃秃的，转眼的工夫，它却已经满树洁白了。仔细看去，那花朵有白有红，粉红色的花瓣像刚擦了胭脂的姑娘一样漂亮。阳光下，一阵春风吹来，和煦又温暖。杏花在春风里，娇羞地摆动着，真是美丽极了！清晨，杏花像个小碗，盛着圆圆的露珠，只要你轻轻碰一碰这粉色的花苞，露珠就会摇动几下，像一个害羞的小女孩儿一样，怯怯地看这美丽的世界。慢慢地，这花朵会由粉色变成白色，展现出不一样的风姿。

下雨后，杏花的花瓣飘落到地上，一片，一片，好像朝霞跑到地上来了，还伴着一阵阵清香，沁人心脾。馋得我忍不住立刻大口呼吸这新鲜的空气。

外面的垂柳也暴露了春的踪迹。柳树抽出了新芽，那小小的绿芽，非常倔强地往上钻，相信过不了多久，柳树就会披上新装。柳树垂下的枝条，又会一泻如瀑。

春雨也如约而至，它如针又如丝，是那么细，那么轻，又那么柔，轻轻地唤醒地下沉睡的种子，种子发芽了，小草也探出头。这真是"天街小雨润如酥，草色遥看近却无"此情此景的的确确"最是一年春好处"啊！

家家户户的炊烟袅袅升起，伴着孩童欢乐的嬉笑声，春就这样美美地来了。让我们走向大自然和春天来一场约会吧！

春天来了

马文茹

春天来了，它迈着轻轻的步伐向我们走来了。

春天来了，柳树弟弟脱掉了那身皱巴巴的"棉袄"，换上了整洁

童年的泥巴

轻便的"衬衫"。瞧，他还在外面套上了一件嫩绿色的"夹克大衣"呢！这时，风姑娘在远处呼唤着它，柳树弟弟听到风姑娘的声音，情不自禁地在空中摇曳起来。

春天来了，冰面开始融化了，叮咚作响的溪水在山谷中回荡起来，它紧紧跟随着风姑娘的脚步。它的"歌声"在山谷中回荡，这时风姑娘也来给它"伴奏"，两个人的"合唱"真是天衣无缝、美妙绝伦。风姑娘走后，它又安静得像一名书生。那溪水多么清澈呀！只要你往下一看，就可以看见大小不一、形状不同的鹅卵石，随手捡起一块，它是那么光滑。我猜，应该是春天给了它许多抚摸的缘故吧！

春天来了，小动物们都出来晒太阳了，他们再也不用在刺骨的寒风中挨冻了，现在他们只需要在太阳底下伸个懒腰，向太阳公公诉说他们的愿望。太阳公公就会给予他们一个适合的天气，满足他们的心愿。

春天来了，原本寂寞的村落，霎时间变得有生气起来。原本空无一人的大街上，现在人来人往，道路上增添了一股淡淡的泥土的芬芳，这些香气肯定是农民伯伯留下来的。

春天又跟随着农民伯伯的脚步来到了田地间，放眼一看，地上长满了绿油油的小麦，他们现在正等着农民伯伯用甘露来灌溉他们呢！它们喝完水后，脸上流露出一丝满意的神情，又加快了生长的步伐，等到小麦们"长大成人"了，农民伯伯心里应该会感到无比欣慰吧，这毕竟是他们辛辛苦苦在田地耕作的成果啊！

春天来了，万物复苏。整个大地变得有生气起来，太阳公公也高兴起来了，照得每个人心里暖洋洋的，不论谁，身上似乎都展现着两个字：生机。

春天来了，一个美好的生活又向我们走来了。

风会记得一朵花的香

　　我与母亲见证了这株玫瑰花的生长，而这株玫瑰花也见证了我与母亲的点点滴滴。花会记得母亲的好，而风会记得一朵花的香。

永不变的坚持

郑依璇

一次次努力、一次次失败、一次次重来，即使身处逆境看不到希望，即使改变不了被别人嘲笑的结局，但永远不变的是坚持。

星期六回到家，我兴奋地打开门。真是好久没有回来了，桌子上、院子里都落了一层土，还有不知从哪儿飘过来的垃圾，显得又脏又乱。今天阳光正好，又赶上村里三天一次的自来水放水时间，我们一家人就决定进行一次大清除。

我打开窗户，想换换屋子里面的空气。突然，一个褐色的影子闯进窗户。我仔细一看，原来是一只麻雀。它四处乱飞，不管不顾地横冲直撞。我吓得跑到了妈妈身边。它一次又一次地撞击着玻璃，但终究没有撞开。也对，它那么小的身躯怎么能撞开那么坚硬的玻璃呢？我渐渐不像刚才那样害怕了，小心翼翼地跑过去，将窗户开到最大。可是它怎么那么蠢呀！明明飞低一点点就可以出去，可是它却偏偏一直在撞那个根本撞不破的地方。一次次的失败、又一次次地尝试，让我不忍心再看，可它却还不死心。

终于，它停下了。我想应该是要放弃了吧，毕竟已经撞了这么久了。可是过了没一会儿它又向玻璃撞过去。这一次它不再朝着同一块玻璃撞了。它围着屋子转了一圈，停下歇一会儿，接着再转，可是始终都没有找到出去的路。最后我实在不忍心了，想过去指引着它出去。可是它看见我，竟然更加用力地撞向窗户。在这一次次的撞击中，它竟然阴差阳错地出去了。它似乎也没有想到能够出去，一下子跌落在地上。然后急迫地张开翅膀，扑腾着飞向天空。这只小麻雀，在一次次的失望中，给自己鼓足勇气，试一次，再试一次！就是因为它的坚持，才给了自己再次翱翔天空的机会呀！

生活亦是如此，往往是最后一把钥匙才能打开锁。所以我们要做的便是坚持，唯有坚持，才能到达成功的终点。

成长的花香

闫梦雪

青春是岁月的积淀，是永恒的主旋律，是让人无法忘却的美好时光。时间赋予生命美好，青春则给予生命韵味。青春是努力的，是幸福的，是阳光的味道。

小时候听过一句名言："少壮不努力，老大徒伤悲"。在学校里，那一堂堂精彩纷呈的课，那一张张真诚亲切的笑脸，那一个个令人心花怒放的活动，不都是青春的赠予，充满青春的味道吗?老师见证了我的成长，而我收获了宝贵的知识，更难得的是，在青春之际我学会了拼搏，明白了成长的意义。

有一次，班内选运动会口号，老师让我们自己挑选。班级里的同学不约而同地选中了那句"团结友爱、共创辉煌"。是啊，虽然只是一句口号，但它体现了我们班的集体精神、奋斗目标。"团结友爱"，我们是这样说的，也是这样做的。运动会上，同学们相互鼓励，彼此加油，最终取得了满意的成绩。一颗颗青春的心脏，怦然跳动，那是我们前进的动力。我们积极进取，共同见证成长的痕迹。这就是青春的味道，一种幸福的味道。

期中考试结束了，成绩公布时，我的心情瞬间跌到了谷底。试卷上的一个个红叉，让我欲哭无泪……"做错题不要紧，重要的是要懂得错误在哪里，只有错误被一次次地改正，我们才会不断地进步。"这时班主任张老师对我说道。我聆听着他的教诲，心中突然释怀了许多。是啊，错误不可怕，"失败是成功之母"，成长的路上，我需要的是不断摆正心态，用积极、阳光的心态去面对生活中的所有挫折。

同学间诚挚的友谊、朋友间的互相帮助、老师的谆谆教导，无一不是青春路上的财富。静下心来，品味这青春的味道，如花香。

044

倔强地生存

程荣琪

"物竞天择，适者生存。"是啊，大自然总有它自己的法则，管理着无数生命，但一个倔强的生命，在与自然做斗争。

那一年的初春，家里搬运粮食，不小心遗漏在墙缝里一星半点儿的小麦，太少，所以没有人愿意去捡起它，但是在不经意间，却改写了它的人生。

那是个春意朦胧的下午，我在写作业。累了，眼睛随处往旁边一瞥，竟看见死气沉沉的墙角顶出了一颗生机勃勃的小麦苗，引人注目得很呢！只见在灰墙根下，它踮着脚尖孤零零地站在那儿。它仅凭着一丝微薄的土壤扎了根，虚弱得好像一个弱不禁风的小孩子，微风一吹就会倒下。但是它仍然倔强地生存着，想要证明它的力量！

过了几天，我忽然又想起了它，便跑过去看了看那个倔强的小生命，它仿佛用足了劲儿挺直了身体，好像在告诉我它的能力。一株普普通通的小麦，怎么能够在如此艰苦的环境下顽强地生存下来呢？我不禁陷入了沉思……

大约一个月后，我从学校回来，跟往常一样，照例去那儿看看那个"老朋友"。它居然长出了几片新叶，仍然笔直得像一名训练有素的士兵，挺拔而坚韧地站立在墙角，抒写着自己不一样的人生。我的心中仿佛汪洋大海一般泛起一片惊涛骇浪，对这个不起眼的小植物起了敬佩之意。

到了夏初时节，它头顶上蹿出了一个麦穗，可身体有些支持不住了，它稍稍弯了腰，但是仍然没有屈服。它还在努力地汲取水分，吸收阳光，证明自己可以做到。

终于，麦收时节到了。它却支撑不住了，像是个饱经风霜的老人，一生沧桑，无奈地倒下了身躯。但骨子里照样存着一股子倔强的气息，闪着一身的傲骨，充满着生存的意念和信心！

现在我终于明白了：一株小麦为何能够在如此艰苦的环境下生存下来？那是因为它有着不屈的灵魂和坚定的信心啊！而这是我和很多人都没有的。

大自然确实是有它自己的法则，但只要像小麦那样，有一股不服输的劲头，相信自己，坚信"世上无难事，只怕有心人"，大自然的法则也可以被战胜！相信乌云中总会有一缕阳光，使你变得倔强和坚强！

生活可以更精彩

魏宜佳

金光闪闪的海面上，轻悠悠地飘动着几缕羽毛似的条纹。柔软的沙滩上人群聚集，几个小男孩儿沿着海边，走走停停，弯腰又站起。

他和伙伴们在捡拾贝壳。整整一下午，伙伴们都捡了满满一大筐的贝壳，形态各异，颜色不尽相同。他却两手空空，站在人群里的背影被夕阳无限拉长，在遥远的水天一色处连接，显得无助失望，甚至还有些许怀疑。

是不是那枚贝壳压根不存在？男孩儿停下脚步，低头不语，默默沉思着。我是不是该放弃了，眼前的路一片漆黑，看不到一点儿光亮，即使再坚持，希望也十分渺茫。可我怎么甘心就此止步呢？仙人掌没有雨水的爱抚和阳光的照耀，白玉簪没有馥郁的芳香和娇艳的外表，蜡梅没有甚好的环境和鼓励她的坚强话语。可它们，它们不都凭借着自己的信念活出百态了吗？

人生这条路哪能一帆风顺，抱定的理想又怎能不被怀疑和冷漠。一辈子那么长，若能坚持饱受质疑的目标大步向前，哪怕最后的结局早是意料之中，来世间走这一遭，却也不虚此行了。

那天他什么也没捡到，却满脸洋溢着喜悦，和收获颇丰的伙伴结伴回家。第二天他们又去了海滩，他仍在找寻那枚独一无二的贝壳，

伙伴们也在边捡贝壳边放入筐中，蓝天依旧，似乎与昨天没什么区别。

当他眼睛酸痛，伙伴们都累了时，他们便一同坐在沙滩上休憩。一抬头，他竟望见了玉石般澄清的蓝天，还有，飞翔在天际的海鸥。

他们第一次见到这样美的风景。海天一线，落日余晖，一切美得不可方物。随即又慨叹，总是在一味地追求，却忘了沿途美好的风景。其实很多时候，最好的景色就在眼边。只待你抬头发现。倦了，就止住匆促的脚步，看看路旁的花，吹吹清凉的风，放放烦躁的心。你会知道可惜，但也深感幸运，因为不曾错过。

有梦就去追，哪怕摸爬滚打，即使翻山越岭。累了，倦了，惧了，就稍作休息，让手边的风景安抚心灵，后大步向前，勇敢逐梦。

就像雨后初晴的彩虹，让生活变得更精彩。

风会记得一朵花的香

董亚轩

家里的玫瑰花又盛开了，只不过却没有了往年的艳丽，每天早上醒来都会看见她掉落的痕迹。

还记得这株玫瑰花初到我家时还是一株小小的嫩苗，虽然娇小却具有无穷的生命力。

那年我才五岁，妈妈三十三岁。

妈妈细心呵护着她，希望她早些盛开。当时我却不以为然，但每天跟在妈妈身后照料它，渐渐地也对这株花有了感情。后来，这株玫瑰花结出了花苞，妈妈为此还高兴了好几天。但是在妈妈工作时，我竟把花给摘了下来。妈妈没有冲我发火，也没有说很多的话，但是我能看出来，妈妈对那花的感情没那么深了。

又是一年，那株玫瑰花终于开花了，她的花是鲜红色的，娇嫩欲滴的红色，那花开得火热，却也抵不过风霜的侵蚀。妈妈说："这花虽美，但却只不过是一瞬间罢了。"过了不久，这花瓣便纷纷凋落，花瓣铺满了一地，如红地毯一般。落红不是无情物，化作春泥更护花。

那年我八岁，妈妈三十六岁。

到了冬天，她已没了绿叶包裹，只剩下了光秃秃的枝干。我与妈妈闲聊时，竟也发现了妈妈的头上冒出了缕缕银丝。它们放肆得喧宾夺主，在妈妈的头上肆意地生长。那年冬天，妹妹调皮，闹着闹着竟将那花的枝条折了大半去。妈妈说这花活不成了，可我却硬是留下了她。

048

来年开春，她又长出了新叶，却没了以前的活力。又过了几年，她又开出了往年的鲜红。

开花那年，我十岁，妈妈三十八岁。

那朵花早已褪去了先前的艳丽，经过岁月的打磨早已经不住猛烈的风吹雨打。如今我长大了，妈妈也快四十岁了，时间过得真快啊，转眼间母亲就老了这么多。

我与母亲见证了这株玫瑰花的生长，而这株玫瑰花也见证了我与母亲的点点滴滴。风会记得一朵花的香，而我会记得母亲的好。

蚁

牛怡心

　　午后，蝉鸣稀薄，家人都在睡午觉，而我却丝毫不觉困意，百无聊赖之中，我下楼捉起了蚂蚁。

　　在绿荫树下，蚂蚁成群结队地在踱步，而我也非常熟练，快速捉了三小一大。这四只蚂蚁浑身黝黑发亮，在阳光的照射下折射出一些光芒，六只脚前后快速地摆动着，它们在纸杯里，很不安分。

049

　　我设置了很多障碍，我先在纸杯口抹了一层水，因为蚂蚁在遇到不同的气味时，它会选择躲避，以防万一。只见那只小蚂蚁，身体九十度垂直于地面，在底部徘徊两三圈后，像一个旋转的舞者，顺着杯子壁一直向上爬，很快就冲到了顶部。它先把触角试探性地伸过边界，又立刻缩了回来，接着顺杯口，像无头苍蝇一般不断绕圈。但是不到一分钟，水干了，气味也就没有了。它放开胆子，爬了出来，想要一跃而下，正在它要"俯冲"的时候，我一伸手，毫不留情地又把它甩回杯子，把它摔了个四脚朝天，好久才翻过身来。

　　接下来，我又在杯子里注入一层水，四只蚂蚁瞬间就在水里"游起泳"来，刚才的那只小蚂蚁，奋力地摆动着自己的触角，像游泳的初学者。我知道它想要逃离这个"水世界"，它在水里转着圈地飘着。突然它停住了身体，环顾四周，我正在好奇它为什么不动了，要拿手去怼它，它却又像打了鸡血一样"复活"了，飞一样地朝杯子上方攀登。这一次，我没有阻止，而是任它爬，随意爬。其他三只蚂蚁看到这只蚂蚁"越狱"有果，也一起加油，共同爬了出来。

目睹蚂蚁顽强的求生精神，我不禁肃然起敬。这种不屈不挠的精神，让我忍不住为它们让路，我们没有资格囚禁它们。

两天后，我在同一个地点，同一个时间，我又看到了四只蚂蚁，我不知道还是不是那四只蚂蚁，它们的身体还是那样黝黑发亮，它们的步伐还是那样雄赳赳、气昂昂……

窗外·飞翔

杨 旋

中午骑车在路上飞奔，风呼呼地从耳边掠过，"喳！叽喳！"几声清脆的鸟鸣声夹杂在风中，我不由得抬头仰望……

也是这样的一个中午，阳光从密密的树叶间挤进来，在地面跳舞。我骑着自行车在斑驳的树影间穿梭，突然，前方的树枝动了一下，接着一个灰色的影子从我眼前划落，我好奇地上前去看，它小小的影子映入我的眼帘：灰色的羽毛裹着它，像小球一样圆圆的脑袋，稍带钩的浅褐色小嘴。好可爱，我不由得蹲下来，细细地打量。棕灰色的背，隐透着淡黄色的胸脯，很短的黑色小尾巴。哦！还有一对长长的、透红的小爪子。但，最让我心疼的是，它的头上，竟有指甲大的一块地方露着骨头！绒毛还没蜕尽的小鸟，究竟经历了些什么呢？

忽然一个念头跳出来——抓它回家！

这时它正极为绅士地把翅膀背在身后，昂着头，瞪着那双乌黑的小眼睛四处打量！我，慢慢靠近……突然，它那明亮的小眼睛闪过一丝惊慌，我一惊，心里突然有些犹豫，但随后还是把手伸了过去……"喳！喳！"那尖利的叫声是那样的刺耳。

随后便是它在我手里挣扎，拼命挣扎！两只小小的翅膀猛得从我手中抽出，伸长脖子更大声地叫！我又一次有些犹豫，但还是伸手轻轻把它的小翅膀塞回了手心。它就这样被我带回了家。

给它涂药，它竟一声不响，一动不动地站着，我顺着它的目光看去——是窗外！

就在这时，它猛然张开了它的小翅膀，一蹬我的手，起飞！我一惊，它要干什么？"喳！喳！喳！""咚！"它跌落在窗台上……

我慌忙跑过来，把它捧在手心里，它那黑黑的小眼睛暗淡了许多，是我的错觉吗？我觉得它在发抖，是在发抖吗？"喳！喳。"忽然觉得它的叫声有些苍白无力。

突然，又一次，它张开了它那双漂亮的小翅膀，猛得抬起头，它的眼神似乎又一次坚定了。顺着它的目光看去——依旧是窗外！我的心又一次颤动……

两天后，它死了！它是张着翅膀死的！那双淡黄色的翅膀再也没有收回……

看着它紧闭的小眼睛，我哭了，我后悔，后悔不已！窗外才是属于它的世界，我为什么会把它关进笼子？我好自私！

"喳！叽喳！"几声清脆的鸟鸣声把我的思绪拉了回来。不经意间看到路边有两只鸟儿蹦跳着嬉戏。心又一次颤动……

我的自行车缓缓从它们身旁驶过，"呼啦！"它们张开翅膀，飞走了，飞向高空。仰头望向蓝天，恍惚间，我看到了那双漂亮的小翅膀，那温柔的淡黄……

一只惊天动地的蚂蚁

于新宇

一直以来，我对蚂蚁这个物种都抱着"井水不犯河水"的念头。

虽然从许多书上看见过，它们并不坏。但一想起那细长的触角和六条黑色的腿就觉得心里毛毛的，不愿意有更多的接触。

烈日炎炎，我在一个满是树木的庭院里乘凉，百般无聊的我眼神空洞地望着某处发呆。忽然，一只黑色的身影踩住了我的视线，它成功地锁住了我的目光。

我蹑手蹑脚地走过去，这个到处乱窜的小东西是什么？我心痒痒，定睛一看，天啊！是一只蚂蚁！一时间我整个人像被钉子钉住一样，我怕它爬到我身上，我怔怔地望着它，两根黑黑的触角不安分地上下摆动，就像被狂风吹拂的野草，乌黑的躯干旁有许多细密的腿，尾部就像坠着一颗黑宝石。也许是它形单影只，好奇心驱使着我，我竟把它捉了起来！飞也似的跑回家，找个纸杯把它甩进去。

我蹲在旁边，静静地看着它，那只蚂蚁似是刚到新环境，驻足了一会儿，两只触角张牙舞爪地舞动着，慢慢爬着，绕着转圈。一圈，两圈，三圈。想必是认为有出口，上上下下一丝不苟地找着，我禁不住暗自发笑。看得烦了，便伸手一弹。蚂蚁"啪——"地掉到了底。它不停地转圈打滚，好久才翻过身来。

没想到这一次，它鼓足劲儿，一口气冲到了杯子口，没等我反应过来，大半个身子已经探了出去。我把它打下去之后，担心它跑出去，便加了些凉水。只见它浮在水面上，六只腿四下挣扎，仿佛一只在汪洋大海中漂泊的小船。我顿时心生怜悯，丢了一团卫生纸，让它得以歇个脚。

有了卫生纸搭桥，它"嗖嗖嗖——"地爬上卫生纸顶端，从纸上要爬上杯子壁，可无奈中间有道深渊般的裂纹，它这小小身躯怎么也跨不过去，又重重地摔了下去。

我以为它就此收兵了，谁料它又一次爬上卫生纸，刚一上去就栽了个跟头。然而它重整旗鼓后选择的是又攀登，它不屈不挠地爬着，又循环往复地被摔下来，可它好像不惧疼痛，依然为它的目标而努力奋斗着。恍惚间，我好像听见战斗的号角声，看见了一个伟大的战士，一个背负着责任与梦想的英雄。

小小的蚂蚁在我心中顿时高大起来，我怀着敬重的心情把它放回了原处，它依然是黑得发亮。

从此，蚂蚁的形象在我心中发生了惊天动地的改变。在刺眼的阳光下，这闪烁的黑色成为我心头永远存在的光明。

我的未来，我做主

孙雪东

你品尝过青春的味道吗？端起一杯柠檬水，轻抿一口，酸涩的感觉划过舌头；吃一口苦瓜，苦涩的感觉随即涌上心头；放到嘴里一块糖，闭上眼，沁人心脾的甜味弥漫心田。哦，原来，这就是青春的味道！

柠檬的酸

那一天，阴雨绵绵，自己的心情失落到了极点，每一滴雨都像那巨石一般压在我的胸口，使我翻身不得。月考成绩出来了。第一节就是语文课，我考得很不理想，心情甚是失落。唉！难道分数也会传染？陆陆续续出来的各科分数低得可怜。我分明已感觉自己快要支撑不住了，酸楚的心情浸透身心。仰天长叹：青春的味道原来似柠檬一样酸！

苦 瓜 的 苦

月考失利后，心情一直处于低落的状态，每天这样浑浑噩噩，无比沮丧。"这样下去可不行！"我对自己说，"与其沉沦何不放手一搏，重拾信心，背水一战，再拼一次。"在临近期中考试的日子，我每天废寝忘食，挑灯夜战，只为了……可天不遂人愿，期中考试的成绩又降了一节。我漫无目的地走在校园里，抬头看见似火的骄阳，炽热的太阳炙烤着大地，仿佛要把我烤焦一般……我感觉自己已经游走到了崩溃的边缘。呵，青春的味道恰似苦瓜一样苦呀！

蔗 糖 的 甜

两次考试失败沉重地打击了我，这时好朋友走过来跟我说："天将降大任于斯人也，必先苦其心志。生活中本来就有磨难，只要你勇敢面对就一定会战胜它们。"对呀，我的心情豁然开朗：眼前的困难不足畏惧，我是谁呀！被小小的挫折吓倒，那不是我的性格！想到此，我俩会心一笑。哦！原来我的生活也不全是黑暗的，我还有朋友，还有自己的闯劲儿，原来青春的味道就像蔗糖一样甜啊！

这就是我的生活，这就是青春的味道。它像柠檬一样酸，也如苦瓜一样苦，更像蔗糖一样甜……原来青春的味道这么丰富，青春的生活这么多彩！

触动心灵的蜘蛛

乔智成

雨后的清晨，到处都是一片湿润，树叶碧绿发亮，空气清新舒爽，令人不由自主地放松下来，去感受那清新美好的景色。

玩耍中，我在墙角处发现了一只蜘蛛，它正在那里奋力织网。它的上方，一层滚圆的水珠密密地、斜斜地缀在墙上，恰如晶莹剔透的珍珠，闪着幽幽的光。我想，墙壁这样湿滑，它一定不会爬上去的！果真如我所料，当它爬到一半的时候，一阵轻风吹过，便把它从墙上吹落了下来。

可它像不死的"小强"，第一次失败了，却不灰心，没过多久它就又重整旗鼓，进行第二次爬行。我想你放弃吧，你是不可能的。但它却一点儿一点儿在上面蠕行，努力地向上挪，突然，一滴水珠悄然落下，又把它打翻在地。

蜘蛛不甘心，它又一次开始挑战，第二次，第三次……我被它不服输的精神打动了，但我仍不信它能够爬上去，并把网织好。

可是它出乎我的意料，它经过多次不懈地努力，竟然结成了一张无比坚固的网。一阵风吹来，那网纹丝不动，却吹来几只失去平衡的飞虫，一下就被蜘蛛网粘住了。啊，这勇敢的蜘蛛，它得到了胜利者应该享有的礼物。

很多人自以为人类是天底下最厉害的动物，可经常遭受一点儿打击，就会痛不欲生，而蜘蛛却在这么多次失败后，依旧不屈不挠，坚持不懈。

我们要向大自然学习，向蜘蛛学习，学习它那勇敢的精神，那坚持不懈的精神，那永不言败的精神。

成长的酸甜苦辣

张丽君

青春是懵懂与成熟的分界线，告别过去肆意挥洒的自己，迎接崭新成熟的自己。回想起青春时期的点点滴滴，仿佛就像看电影一般，熟悉的场景记忆犹新，回忆却五味杂陈。

孔子云：仁者乐山，智者乐水。每个人的兴趣或多或少不同于他人。与风月无关，只因得到会心一笑的满足。与你，也许是游戏玩耍，是文艺欣赏，是运动会呐喊；于我，则是世间美好的万物——父母的宽容，老师的悉心教导，同学的互帮互助，知己的温馨问候。因为遇见了他们，我才开始青春的快乐。我眼睛里满是愉悦的味道——甜。

不知从什么时候开始，或许是因为骄傲，又或许是因为自满，上课时我有些不认真听讲，不是做一些自以为老师看不见的小动作，就是心不在焉地神游四方。于是，从前那温柔的提醒，换成了严厉的责怪。少了鼓励，多了批评，我的青春是涩涩的味道——苦。

也许是因为心浮气躁，自视甚高吧！那次我的成绩下滑得严重，当时真是难过到了极点，悔恨、不解、疑惑、委屈全都涌上心头，眼泪肆意地在眼眶里打转。闭上眼，一片猩红，温润的泪水尝起来，很咸，也很酸。我的青春是委屈的味道——咸而酸。

我的青春懵懂无知，但它足够真实。虽然不像电视剧里的那样轰轰烈烈，波澜曲折，但它平淡温馨，就像汪曾祺的语言——朴实，细细品读却富有韵味。

青春是你人生中的一个小站点。青春无悔，不经历风雨，哪能见绚烂的彩虹；不经受挫折，哪能体会到真正的青春！

我 的 选 择

秘小涵

青春面临多次选择，其间或有父母的建议，或有同学的劝告……但那次，是雨中的一株薄荷替我选择。

——题记

天还在下着蒙蒙细雨，我撑着伞漫无目的地走。伤心抑或烦躁？考试的接连失意，老师的无奈，父母的失望，让我的心里很乱很乱。

风会记得一朵花的香

不知不觉走到了奶奶家屋后的菜园，我苦笑着摇了摇头，正准备转身离开，却被一株薄荷吸引。看不出是一棵还是两棵，只闻见淡淡的薄荷香，心情一下子平静下来。老师凝视我时的羞愧，父母安慰我时的酸涩……都在这一瞬间烟消云散。

我不禁重新审视起这株薄荷，它大概是姐姐种的，抑或是野生的，我无从得知。在这绿意丛生的菜园，这一抹淡绿是可以忽视的存在。但这株薄荷，却选择了顽强地生长，就算没有阳光，就算没有足够的养料，就算没有伙伴的支持，那又如何？选择了前进的道路，就一直走下去，不会后悔，也没有后悔的机会。

雨渐渐停了，太阳依旧没有出来，乌云占据着整片天空。"啪嗒"，薄荷上的水珠滴落在我的鞋面上，晶莹透明。这是雨水或是薄荷奋斗坚持的汗水？

058

我的心豁然开朗，鼻尖萦绕着薄荷的香气，淡淡的，清新的。我明白，我已经做出了选择。是我的选择还是薄荷的呢？不用知道。既然选择了远方，便只顾风雨兼程。

收拾好心情，把撑开的伞关上，理理被雨水打湿的头发、衣服。我向家的方向走去。

不论是我，还是薄荷此刻都拥有了一个问心无愧的选择。青春的选择，也许会决定一生的命运。在那个阴雨绵绵的季节，在那个无比寻常而又不平凡的一天，那株薄荷与我青春的选择，连在了一起。

留在心中的那份暖

　　我一直以为所有的成功都是展现给别人的，没有掌声和鲜花的舞台是毫无意义的。所以每当取得一张优秀的成绩单或一份红色的证书时，我总期待被别人看到，渴望鼓舞与赞许，而且越久越好！然而目睹昙花开放的刹那，我却忽然明白，我们应该为自己的生命而绽放，在绽放的过程中收获生命的体验！

秋 叶

张玉慧

傍晚，沐浴着夕阳，我静静地走在林荫小道上。

两旁的树挺立着，顺着树干向上望去，绿绿的叶子边缘镶上了黄色，而有的叶子像从枯黄色的染色剂里浸了许久一样。慢慢地走着，不时有树叶落在身上。

叶子轻轻一踩就碎了，这是易碎的生命。我小心翼翼地，不愿伤害这些脆弱的生命。我觉得它们很美，美得从容，美得坦然。轻风吹动树叶发出沙沙的响声，我想这应该是枯叶舍不得自己的母亲而发出的呜咽吧！

草坪上落满了叶子，一片墨绿再点上几点枯黄，煞是好看。我从草坪上捡起一片叶子，这片枯叶上布满了尘土，有些苍老。这些苍老的生命与旺盛的生命相衬托，会让人们想到什么呢？是叶子永不言败的韧性吗？枯叶将要死去了，但它还要飘落到一幅有生机的景象中，与这旺盛的生命比魅力。是枯叶的无私奉献吗？知道自己快告别这世间，还要让自己死去的身躯遮住小草，保护小草们的生命。

我抬起头，挺拔的树上还有无数片绿的、黄的叶子，层层叠叠，在风中，在夕阳柔和的光中互相点头致意。它们知道自己也有离开母亲的那一刻吗？它们会哭泣吗？也许它们只会欣慰，因为它们将要为母亲树孕育更多更新更昂扬的生命。我不知道我在这儿停留了多久。只是在想也许我们的生命也应与它们一样，"生如夏花之绚烂，死如秋叶之静美"。

又一片叶子缓缓地离开枝干，悠悠地在空中盘旋，轻轻地落在地上，停在我的脚边，我弯下腰小心地捡起了它，这是一片金黄的法桐叶，轻轻地擦去它身上的尘土，我发现一条条脉络是那样的深，纵横交错，像遒劲的根。这些叶脉摸起来依旧鼓鼓的，穿过指尖仿佛有种生命的力量，让人震撼。也许它们就是枯叶不罢休的精神的见证。

我们曾无数次被巍峨的高山，雄壮的江河，辽阔的大海折服，感叹于生命的伟大，其实令人感动的何止是这些呢？这一片片平凡而又普通的秋叶不也让人震撼吗？它们以自身的渺小传递着不朽的希望，彰显着坚强！

我爱秋叶，感激它让我明白这一切。

我愿化作一片静美的秋叶。

061

生活就应该是这样

董 蕊

我喜欢花。因为在不断耕耘、浇灌后，我总会收获一片绚丽，一抹芬芳！

月季是泼辣的，它贡献给我的是整年的花团锦簇；吊兰是温柔的，偶然盛开的白色花朵精巧细致；水仙是素雅的，一碟清水就能满屋芳香……

只是那盆昙花，天天只有绿绿的茎叶，即使是花开时节，也不曾见过它的花。温暖的春天里，娇艳的夏日中，明媚的阳光下，百花争奇斗艳的世界里，从未有过它所喷吐的芬芳，从未有过它的身姿。它的花容，对于我，一直是个谜。

直到那天晚上，做完手边的作业，忽然间不经意的一瞥，我像被什么触了一下似的，昙花什么时候含苞的？它要开放吗？

我猛然站起，看到那绿叶间似乎有什么在动，我的心也不禁颤动起来。

我惊喜地把眼睁大，屏住气，悄悄靠近，生怕自己的一点儿动静将它从这生命绽放的舞台上吓倒。

那是一幅怎样的画啊！那又是一段多么美的舞蹈！

它柔美地舒展开来了：洁白的花瓣圆润细腻，乳黄的花蕊娇嫩轻柔。那硕大雍容的花朵似一块白色玉石，又如同在夜间降临的一件奇珍异宝，晶莹、剔透、圣洁、饱满、神秘、庄严，使人不忍、不敢去触摸。

"寂寞昙花半夜开，月下美人婀娜来。"它是月宫的仙女吗，否则怎么如此端庄典雅。我知道昙花很美，只是不知道它美得如此从容，如此大气。它任夜色在身边静静地流淌，它把夜色镀上银色的光芒，它就这样在一片黑暗、一片寂静中独自奏响着生命畅想曲，它或许不知道在它的不远处还有我这样一位观众，在如痴如醉地默默欣赏着。

然而，在旖旎风光无限好时，昙花似乎已经满足于生命曾经的最美，它们带着最美丽的微笑悄悄离开了，如一颗璀璨的流星，在最壮观的时刻毅然划过天际，短暂的生命里，没有悲切，不曾留恋，有的只是美丽和辉煌！

　　我一直以为所有的成功都是展现给别人的，没有掌声和鲜花的舞台是毫无意义的。所以每当取得一张优秀的成绩单或一份红色的证书时，我总期待被别人看到，渴望鼓舞与赞许，而且越久越好！然而目睹昙花开放的刹那，我却忽然明白，我们应该为自己的生命而绽放，在绽放的过程中收获生命的体验！

　　生活就应该是这样！

漫步在秋天的校园

刘依凡

　　"震落了清晨满披着的露珠，伐木声丁丁地飘出幽谷。放下饱食过稻香的镰刀，用背篓来装竹篱间肥硕的瓜果。秋天栖息在农家里……"沉浸在何其芳《秋天》的盎然诗意中，我在秋天的校园里漫步。

　　看！校园南面那肥沃的土地上有一大片一大片的南瓜叶，丰硕的南瓜叶上有许多扎手的细毛。他好像在对我说："你可别摸我啊，小心我扎你。"南瓜的叶子有深绿的，浅绿的，还有的黄绿相间，边缘枯黄，如同燃烧过一般。拥挤的南瓜叶中还有南瓜花呢！金黄金黄的，在深深浅浅的南瓜叶中最为耀眼。有的南瓜花朝天盛开，如同圆号；有的则像害羞的姑娘，颔首低眉。西南角的那一大片南瓜叶子下竟躲藏着一个个肥硕的南瓜，那形状真是千奇百怪：有胖圆圆的，像个胖小孩儿；有细长细长的，像纤细的手指；有弯弯的，像天边一轮弯月；有几个南瓜头挨着头，肩并着肩在叶下窃窃私语呢！哎呀！还有一个胆大的竟然"放肆"地爬到了栏杆外！样子真是可爱极了！

在南瓜园的对面，有一大片草地，这里被风吹得东倒一片，西歪一片，好似一片翻滚的绿色波浪。"里面居然还有螳螂呢！"我听到一个同学喊道。跑过去，一看，果然有！那螳螂全身棕色，就像一根细树枝，举着它那"流星弯月刀"看着我们。它见我们人多，迅速地"逃跑"了。在这片草地上，稀稀疏疏地挺立着一杆杆毛茸茸的"穗子"，是狗尾巴草。所谓狗尾巴草，原来就是因为它的形状如同狗尾。深绿的草坪栖息着许多犹如枯叶蝴蝶的杨树叶，又如行驶在一片"绿海"上的叶叶孤舟。

再看水果园，有笑破了肚皮的石榴，半青半红的柿子，火红火红的山楂……水果园的对面，有被园林工人修剪成一个个"大圆球"的冬青，冬青的对面，一棵非常高大的树上，竟然悬着几只犹如人的小腿那么长、那么大的丝瓜！天哪！真是太不可思议了！

往东看，食堂那边是冬瓜园。在冬瓜叶里，还藏着不少冬瓜。"一、二、三、四……"我听到有的同学在数有多少冬瓜，我也数了数，一共十好几个呢！这大大小小的冬瓜挤在一起，站着的，斜倚着的，露着肚皮晒太阳的……这些冬瓜可真大胆，竟敢在食堂前晒太阳，真不怕同学们把它给吃了。

美丽的海棠树、挺拔的梧桐树、火红的山楂树……我漫步在秋天的校园里，发现了异彩纷呈的美——原来美离我们并不远，美就在我们的身边。

感谢那棵树

李天昊

  有那么一棵树，一棵平凡的树，它用独特的语言告诉我许多人生的哲理。

  这棵树，种在我书房兼卧室的窗户外。每当我学习疲惫需要休息的时候，一歪头便可以看到它那绿油油的树顶。

  它是小区里第一批被种下的小树，和我们全家同时来到这片陌生甚至有些荒芜的土地。一开始，我经常拎着水桶跑出门去给它浇水，企盼它能快快长高，长过我的窗户，为我遮挡炎炎的夏日。可是，过了一段时间，和它同时被植下的伙伴都竞相冒出一大截绿叶时，它竟然意外地沉着、冷静，没有丝毫发芽的迹象。不仅如此，它仿佛还隐约矮了一截，这让我很是失望，慢慢地把它抛到了脑后。

  很快，我迎来了期中考试，由于没有充分复习，还有粗心大意，我的成绩出奇糟糕。憋闷烦躁的我在屋里徘徊时，看到了这棵蔫头蔫脑的小树。我很生气，认为它是一棵不祥的树，是它把噩运带给了我。我不禁伸出手去，用力折下它的一根枝条，然后残忍地掰成几段，扔到窗外。接下来的几天，我一直这样对待它。

  直到我情绪稍微平息的一天，我像往常一样伸出手够那被我折得更矮的树头时，我惊奇地发现，在那被我折断的树枝根部竟然萌生了一个嫩芽，淡绿色的，水灵灵的，和那泛绿的裂口辉映着，在微风里微微颤抖着。我的手也禁不住颤抖起来，刚刚碰触着枝条的手触电一般迅速地收了回来。正在我怔住的瞬间，一滴水落在断裂的、萌生着绿芽的树枝上，缓缓地滑落，倏忽落在泥土中，消失不见了。

侧头仰望，是楼上正在滴水的空调。难道这小树就是靠这微薄的水滴萌生出了希望？也许是，也许不是。也许在我忽视它的那些日子里，它从未停止暗暗汲取深埋地下的营养；也许正是我的折磨触动了它抗争的心……那天，面对这株重新焕发生机的小树，我思考了很多，我也明白了许多。

再一次考试，我考得不错。当我拿到满意的成绩单时，我知道我应该感谢那棵树，那颗平凡的小树，它用自己的行动告诉我如何面对挫折，如何对待人生，如何找到希望。

066

寒假的滋味

格淑琪

寒假第一天，我还在温暖的梦乡里无拘无束地"翱翔"，就被老妈无情的叫早声拽醒。在老妈不停的催促下，我匆忙穿上衣服，洗脸，吃饭，出了门。

走在去辅导班的路上，寒风呼啸地吹来，刮过我的脸，刺痛着我向往自由的心。到达辅导班后，老师开始讲课，而我的思绪却无法集中起来——这时候她们该"葛优躺"在沙发上看电视吧，还是坐在电脑桌面前酣畅淋漓地玩游戏……而我却在这里，听着老师讲解乏味的abc，背着比我名字还长的英语单词，"啃"着比山还高的作业。

唉！我的寒假充满着无聊的、单调的、烦恼的滋味。

大年初五，阳光格外明媚，冷风缓缓吹来，似乎也夹杂着几丝暖意。

我终于摆脱了辅导班沉重的枷锁，可以睡到自然醒了。"姐姐，快起来，我们要去看电影了。""What？看电影？好！好！好！"我迅速穿衣，洗漱，饭也不吃了。

我和妈妈一行来到了齐纳影院，进了场。哇，这儿的屏幕好大啊，座位好多啊！突然灯灭了，巨大的屏幕像是一个无底洞，吸引着我的目光，还有我的想象。弟弟脸上洋溢着笑容，坐在座位上张牙舞爪。

哇，开播了，《功夫瑜伽》！看到成龙出场时觉得十分亲切，这位十分敬业的影视明星，又会带给我什么精彩内容呢？

我跟随着他们开始了寻宝之旅，一会儿来到高耸巍峨的冰川雪地，一会儿潜入深邃洞穴，一会儿又是异域风情，豪华的迪拜、炎热的沙漠、印度神奇又好玩的戏法；还有成龙大叔逗趣的瑜伽姿势，令人忍俊不禁的土狼打斗……啊呀，突然一个人冲向我们要打我，"啊，救命啊，龙叔。"3D的逼真效果吓得小弟直抓我的手，我的小心脏也忽而心花怒放，忽而突突直跳。

哈，我的寒假泛起了快乐、惬意、美好的滋味。

寒假的滋味复杂丰富、多种多样，或许假期就应该这样，人生也因此而精彩吧。

寒假的滋味

刘金栋

　　放假前最后一天，听着教室里的钟表"嘀嗒——嘀嗒——"作响，老师终于宣布放寒假了。"耶！"同学们不知何时如此默契，都高兴地叫了起来。就这样，我的寒假生活开始了。

　　哦！寒假到来的滋味是莫名的兴奋。

　　但我不知道，迎接我的并不是快乐的寒假，而是一大批的辅导班。第一天，还没切换过我的睡眠模式来，老妈就给我"开机"："快点儿起床，准备上学！"我瞪大眼睛，不敢相信这是事实："辅导班？！"可老妈连听都没听就转身走了。我不想也知道是辅导班了：啊！我的寒假啊，我的睡到自然醒，我的快乐嬉戏计划！泡汤了！

　　哦！寒假的滋味是猝不及防的伤心。

　　准备去辅导班，妈妈并不陪我，我一个人总觉得有点儿心慌，特意提前十分钟。到了辅导班，推门进去，发现一个人也没有，就找了一个比较靠前的位置坐了。不一会儿，老师和剩下同学也陆陆续续到了。开始上课，心里有一点儿紧张。老师先做了一个简单的介绍，剩下的让我们自己讨论。开始了，首先叫我们自己读单词，无聊死了，时间一秒一秒地走，老师的话语越来越模糊，我也越来越困。突然，

有一位"壮士"站起来说："下课了，老师！"教室里瞬间充满了紧张又兴奋的气氛，我们所有人都充满敬畏地望着这位同学，就这么一动不动静止了几秒后，老师面无表情地回复："那下课吧。"我们像炸锅一样收拾书包，疯一样地蹿出去。老师追在后面嘱咐我们背单词，但我压根没有听见。

哦！寒假的滋味是辅导班的单调和煎熬。

第二天一早，同桌告诉我需要背单词，我先是两秒空白，然后迅速拿出英语书，开始一边背单词，一边祈祷老师掉坑里来不了……就在这时，老师推门而入，好了。那一刻我可以断定，我掉坑里了！

我的寒假，我的快乐，就这样埋葬在"坑"里……

唉！我那寒假的滋味，五味杂陈！

过年的滋味

张宸端

今年过年的滋味对我来说是与众不同的。

腊月二十七，我们一家三口便搭乘飞机前往梦寐以求的旅游胜地——巴厘岛。

一下飞机，扑面而来的就是煦暖、凉爽、夹杂着丝丝咸味儿的海风。巴厘岛正值雨季，瓜果飘香。我慢慢地行走在用红砖和淡青色卵石砌成的小路上，一排排高大挺拔的椰子树映入眼帘，树上擎着一个个硕大如排球的深青色椰子。树下，丛生着许许多多不知名的植物，

留在心中的那份暖

散发着淡淡的香气，沁人心脾。一排排路边小摊上，摆满了五彩斑斓的水果——碧绿的大西瓜、金黄的香蕉、紫色的火龙果、各种叫不上名的异形水果……就像一幅幅美丽的水彩画，给我强烈的新鲜感。

不知不觉已经到了除夕，我们已经在这待了两天了。刚来时的新鲜感已渐渐消失，内心泛起一点儿莫名的想家的滋味。走在阳光铺满的大道上，我才发现这里的"年"味儿是那么平淡，没有红彤彤的春联，更没有五颜六色的门签和金色"福"字。只有偶尔几个店挂出中国的红色灯笼，那像极了我放鞭炮时冻得红红的小脸，让我恍惚回到万里之外的老家……

过年我是待在老家的，爷爷奶奶洋溢着幸福的笑脸，蒸年糕、炸年货，扫屋子，忙得热火朝天，而我总喜欢拿着一些花花绿绿的鞭炮，跑进皎洁的月光里，轻轻将鞭炮插入土里，这可很讲究技术：松了容易倒下，紧了容易飞不出去。确保没有问题后，便拿出那早已准备好的燃起的香或烟。一只手捂着耳朵，一只手直直地伸向鞭炮的引子。刚刚碰着，我便飞一般蹿到了远处，只听"咻"的一声，鞭炮飞离泥土，冲向了广阔的夜空，瞬间"嘭"的一声爆响，在空中炸裂开来，绽放出美丽灿烂的烟花……

哦！故乡的浓浓年味，让我久久无法自拔。爸爸轻轻拍拍我的肩膀，将我拉回现实——该回住处了，呼吸着异国的咸咸海风，心中既有欢喜又有些许伤感：欢喜的是我接触了不同的景色、不同的人文，伤感的是我不能和爷爷奶奶一起度过一个热闹祥和的新年。

不一样的年，不一样的滋味。

忘不了的情味

张宸端

经过超市，看到柜台里那一串串的冰糖葫芦，耳边不禁想起"卖冰糖葫芦——"儿时那一声声悠长的叫卖。

卖冰糖葫芦的是一个衣着朴素的老人，总是肩扛一根用稻草秸扎成的草靶，那一支支穿满晶莹剔透红果的小棒，就一律乱箭般地插在这大头的草靶上。红果彤彤，外裹一层亮晶晶的糖衣，活像一串晶莹剔透的硕大玛瑙，又似一个个圆滚滚的大胖小子排排坐，光看，就已经垂涎欲滴了。

"爷爷，来几个冰糖葫芦！"我和小伙伴们隔老远就大声叫着。随即，便像小鸟般飞了过去。挑冰糖葫芦也有学问，要个大、饱满的，肉多；个小的肉少，光一层皮，一嚼一口渣；前凹后凸、歪瓜裂枣的也不能要，不仅有碍观瞻，长不正，有可能味不好。我歪着小脑袋，一个个"检阅"，转着圈儿地挑。最终，一个又大又红又鼓胀饱满的冰糖葫芦踩着了我的视线，我欣喜地慢慢抽出，小心翼翼地撕开冰糖葫芦外那层薄薄的膜，那透着红光的冰糖葫芦诱惑着我，让我想吃却又不舍得咬下去。

我先轻轻舔了舔外面晶莹的糖衣，顿时，一股清凉甘甜的感觉从舌尖浸入口腔，流入我的心田。糖衣慢慢融化，开始渗透出一丝丝淡

071

留在心中的那份暖

淡的、酸溜溜的味道，渐渐就只剩下了冰糖和山楂。

我终于有些迫不及待了，一大口便咬了下去，"咔"，冰糖发出脆脆的碎裂声，冰糖中掺杂着山楂的味道，酸酸甜甜交织流动在我的嘴中，脆甜过后是软糯，柔软得就像一个缩小版的糯米团。冰糖渐渐退去，只剩下了红彤彤的山楂，"啊，好酸啊！"我和小伙伴都紧皱眉头，有些滑稽得咂着嘴，看着对方龇牙咧嘴的模样，都情不自禁笑了起来。山楂入口时的酸味慢慢散去，留下一股清凉爽口的感觉，就好像吃了一大块薄荷糖，爽中还带有一丝清甜。

多少年过去了，我到了城里读书。城里的超市柜台中，陈列着一串串品相好看的冰糖葫芦，品种也花样繁多：香蕉，苹果，橘子……但不知怎的，总感觉味道没有儿时的酸爽、甜美，在我记忆中最深刻悠长的味道还是老人卖的冰糖葫芦：脆，甜，酸，糯，爽……几种味道交织在我的嘴中，形成了一种独特的味道。

老人的冰糖葫芦啊，是我心中永远忘不了的最美情味！

072

母爱似花香

赵泽鑫

看，门口那簇粉艳艳的小花开了！有绿叶相衬，花儿像一朵朵粉红的云。我俯下身，暗香浮动，心里满溢甜蜜与幸福。

花的香气浮来，像水汽弥漫过来，天地间，只剩它的香在游走，钻入我的鼻孔。

星稀月朗，黛青色的天幕辽阔无边。我伏在窗前，嗅着花香。"吃饭了，今天有你爱吃的！"在这清香中，在温柔的声音里，我转身撞到了妈妈那朵微笑，感觉心里甜甜的。

我依偎在妈妈身旁，一捧月光不由分说地扑向我们。"冷吗？出门忘带衣服了，穿上妈妈的衣服吧！"这时，我闻到了那股花香，不，那是妈妈的味道！妈妈的肩膀是宽大温暖的，不记得儿时有多少次我是嗅着那熟悉的味道，在妈妈悦耳的摇篮曲中，我幸福地入睡的。

记得那次，熟悉香甜的味道也钻入我的鼻孔。我因为贪玩，回家晚了，还受了伤。妈妈见到，没责怪，倒担心我的小伤，连夜送我去诊所。妈妈当时的眼睛红红的，那是为我操劳的吧！直到医生不满地说只是小伤，没事的！妈妈才顾得上擦拭自己额头上密密麻麻的汗珠，才露出喜悦的笑容。此时，妈妈身上又萦绕着那香甜的花香！

妈妈的爱就似花香，颇为甜蜜；又似没兑水的蜂蜜，浓纯而又香气扑鼻！

别样的母爱

张金枝

我想没有一种爱可以代替陪伴一个孩子成长的母爱。我一直认为母爱是母亲本能地去保护、呵护自己的孩子。但那件事让我彻底改变了想法。

留在心中的那份暖

我一直是个没有节制的人，特别是在吃这一方面。由于暴饮暴食而引发的肠胃炎在我的记忆中已经犯了不下十次，每次都是上吐下泻。可我每次都是好了伤疤忘了疼。母亲对此也是很伤脑筋。

那是个星期天，因为吃了很多零食，一场噩梦也随之悄然来临了。夜里三点左右，我感觉胃里好像有无数条江河在翻滚、咆哮。紧接着，我感觉好像全宇宙的重力都压在了我的胸膛上。我蠕动着下了床，蹑手蹑脚地去了卫生间，生怕吵醒母亲。过了一会儿，我强忍着恶心，回到了床上，这时胃里那无数条江河仿佛到了汛期一般，怒吼着向我的喉咙涌来。我实在忍不住了，快速下床又去了卫生间，没想到却吵醒了母亲，我扶着卫生间的墙呕吐时，母亲冲我吼道："你就是这么不长记性，活该！"当我听到"活该"俩字时，不知怎的就把快要到喉咙的呕吐物给憋了回去，瞬间泪水、鼻涕肆意流淌，我不想去擦，也没有力气去擦。之前对母爱的理解在此时彻底改变了。妈妈，我现在真的很需要你，为什么你弃之不管呢？你为什么还要在我的伤口上撒盐呢？妈妈，您爱我吗？我在洗手间里挣扎着，直到睡意把疼痛覆盖。我趴在地板上睡着了。

第二天早上，我和母亲都没给对方好脸色，但我心里其实是想和母亲和好的。等车的时候，我没跟母亲说话，校车来了，我头也没回地上了校车。校车很快启动了，我在窗口不经意地瞥了一下那越来越远去的村口，发现村口只剩下了母亲。眼泪顿时顺着脸颊滑了下来。

那一刻，我突然明白了母亲的良苦用心。真正的母爱是让孩子去感受生活的痛苦。母亲不能一辈子都陪伴在我们身边，所以她必须忍下心来，让我们去接受生活的考验，从痛苦中获取教训。或许这样的母爱是残酷的，是令人难以接受的，可它却教会我们成长。这样的母爱似一壶烈酒，刺激而又回味无穷！

说不完的爱

刘晓雨

　　孩子是云，母亲便是天，无论云飘向哪儿，永远离不开天；孩子是鱼儿，母亲便是大海，鱼儿离开大海生命将会很短暂。一个孩子的健康成长永远离不开母爱的滋润。

　　一个下着细雨的傍晚，我独自一人留在教室打扫卫生。终于打扫完了，我长吁一口气，一把抓起书包，匆忙冲下楼梯飞奔向学校大门，嘴上不停嘟哝着："快点儿，妈妈该等着急了。"可到了学校大门口，我却没有见到那熟悉的面孔，其他同学都被父母牵着小手带回家了，一愣神的功夫，学校周边已经阒无一人，顿时，我鼻子一酸，眼泪夺眶而出。我无奈地蹲在校门边的大石头上，将头埋在膝盖上低声哭了起来。心里止不住地埋怨起妈妈来：妈妈真是的，不把我放心上，怎么还不来接我！没看到下雨吗！我抬头看了一眼手表，离放学时间已经过去了半个多小时，看着不停转动的秒针，心里的怒火也越烧越旺。

　　雨，不知不觉间又下大了些。雨滴不断打在身上，越来越冷，心里也越来越冷。天已不再是傍晚，而是黑透了。我起身，不停地踱着步子。就连看门的老大爷也下班回家了，肚子的闹铃不觉间响了起来。咦，那是谁？啊，是妈妈！我连忙冲向妈妈，妈妈见我向她跑

075

留在心中的那份暖

来，顾不得打伞，把我拥在怀里。不停地向我道歉，我什么也没说，然而所有的怨气都随着妈妈的歉意烟消云散了。原来妈妈的电车坏在了路上，打不到车，她就自己跑了这么远的路过来接我。天气寒冷，妈妈的额头却满是汗珠，我还有什么理由埋怨她呢！

这就是血缘，这就是爱。母亲所付出的爱犹如一场春雨，无声地滋润着我，伴我成长。

留在心中的那份暖

魏佳佳

窗外寒风凛冽，狂风咆哮，漫天的落叶到处飘荡，始终无法安然归去。我坐在窗前，看着肆虐的寒风，望着手边的数学题，抖动的手在纸上写着一个个公式。

题目一道道地往下进行着。天上乌云密布，外面寒风凄瑟。伴着一道道题目的开始与结束，流水般的，我已答到最后一题。打草，落笔，绞尽脑汁却无从下手。一道分子分母变化复杂得堪比绣花的算式横在我眼前，堵在我心头。时间一点儿一点儿流走，脑海一片杂乱无章，我烦躁地甩掉手中的笔。心，无法平静。

"吱呀"一声，门悄悄地开了。母亲静悄悄的，走了过来，静静地站在我跟前，手里端着一杯温水，小心翼翼地说："累了吧，先喝口水。"只见她轻轻扫了一眼散落在桌上的草稿纸，柔声说道："别着急，慢慢做，一步步来……""你烦不烦啊！整天就会唠叨！"我打断她的话，不耐烦地冲她吼。她那对眸子刹然失色，闭了嘴，干瘦的手紧攥着杯子，像个做错事的孩子一样低着头偷偷地看我。我径直跑出去，留她一个人愣愣地站在那儿，没再看她一眼。

风，又大了些。漫天黄叶在空中打转。我蹲在墙角，蜷缩着身子，双手环着膝盖，冻得瑟瑟发抖，怒气也被冲散了大半。

不知过了多久，我已冻成冰湖里的一尾鱼。寒风似一根根刺扎在脸上，钻心的疼痛。忽然听到有谁在喊我，声音里充满焦急和担心。我屏住呼吸，又仔细听了听。没错，是妈妈的声音！忘却了她的唠叨，我赶紧起身，循着那个声音找她。果然，我看到了一个熟悉的背影，她是那样瘦弱，鬓角微微透出白色，那颜色是如此耀眼，深深地刺着我的心。"妈！"我哽咽地喊了一声，然后朝她飞奔过去，扑进她温暖的怀抱，她愣了愣，赶忙用大衣裹住我，又理了理我凌乱的头发。她只是微微一笑，没有责怪我。我知道，她就是这样，包容我的任性，默默地爱我。我顿感抱歉，温凉的东西从脸颊滑过。

这世上最温暖的，是妈妈的爱。我会把它捧在手里，刻在记忆里，永远留在心里。

别样的父爱

李向彤

五年的小学时光，记忆里满满的是父亲接送我的背影。可惜，那时的我却不懂珍惜这浓浓的无言的爱。

唉，时光匆匆，终究还是不懂事……

傍晚夕阳醉得脸通红，火烈的晚霞映照在脸颊，天色逐渐暗淡，仿佛沉郁成了"主色调"，心中不禁升起了淡淡的忧伤。

一小时前，你从我的包里翻出了那本小说，生气地将它摔在地上："一天到晚就只知道看这种东西，新买的学习资料你看过吗？"

"整天都是资料资料的！我就是喜欢看小说！"我反驳道。

"你！"您指着我气得说不出话来，我反而胜利了似的瞪了您一眼，转身摔门而去。

"你上哪儿去？"

"你管不着！"我不顾清冷的天气，一头扎进了外面的世界。

外面的世界真好！没有灼人的关注，没有唠叨，仅有的是无边的静寂。一丝凉风掠过滚烫的脸庞，我深深地吸了一口凉气，一股莫名的委屈涌上心头。我喜欢读课外书，我又没有耽误正常的学习，您为什么不问青红皂白就训斥……

我漫无目的地走在冷冷的风中。

就在这时，我的目光被一对父女所吸引：小女儿身上裹了一件几近拖地的、破旧的军绿大衣，蹒跚地走着；而父亲身上穿着一件破旧的毛衣，在寒风中瑟瑟地走着，但脸上盛开着温暖的笑。父女俩悄悄地交谈着，小女儿不时发出银铃般"咯咯"的笑声。这笑声滑过冷冷的夜空，温暖着我烦躁的心。过了一会儿，父亲背起了女儿，军大衣盖住了女儿，同时也盖住了父亲，父女俩相偎走在没有尽头的前路上……

泪瞬间涌满眼眶。我错了吗？后悔和自责像野草一样在心中疯长。一下子，我释怀了，疯了似的向家的方向飞奔而去。

果然，在门口，我看到了等待我的灯光和面容疲惫的您，我没有丝毫犹豫地冲向了您的怀抱，伴着哽咽的一声"爸爸"，我一下子明白了属于我的别样的、弥足珍贵的父爱。

父爱可能严厉，却拥有别样的芬芳。

父爱的味道

尹伶心

夜色被如血的残阳迎来。皎洁的月光，拂去轻纱，隐约显现在天空之中，月色清浅。

美梦中的我突然惊醒，腹部传来阵阵剧痛，我煞时汗涔涔蜷缩起身体，想让疼痛减缓，一分钟，两分钟，三分钟……一点儿用也没有。我打开床头灯，艰难地伸手叫醒父亲，并说明我的现状。父亲听完二话不说，立即穿好衣服，背着我下楼，开着车，径直向医院奔去。

夜，笼罩着这个小城市，我依偎在父亲身旁，昏昏沉沉，一路颠簸，我却没有过多的不适，迷迷糊糊中，我嗅到夜空中竟飘荡着轻微的汗味。

这夜色太过紧张，疼痛席卷着我，父亲背着我在门诊楼里来回穿梭，此时静谧的夜中只回荡着喘息声。挂号，检查，打吊瓶等都是父亲一人背着我完成的。在打吊瓶过程中，父亲累得趴在我病床边，却不敢有丝毫的睡意。他时不时就抬头查看我的吊瓶是否还滴。

终于，打完吊瓶的我恢复了元气，牵着父亲的手，走在回家的路上，父亲用慈爱的目光，轻抚着我，我的心里是那样快乐，像吃了蜂蜜一样甜滋滋的。

　　从始至终，父亲从未说过一句埋怨的话。人们常说父爱如山，今日我才真正理解了这句话。然而父爱之滋味又怎是一个"山"字能涵盖得了的。这爱像一杯茶，苦涩之中蕴含清甜；它又像一杯酒，辛辣之中蕴含醇香。这爱需要你我用一生去细细品味啊！

　　夜色弥漫，而我清晰地嗅到，夜色中那馨香是父爱。

那 个 人

沈一帆

　　那个人实在太平常、太普通了。

　　他个子不高，长相普通，如同路旁的小草一般不引人注目。

　　小时候，我喜欢骑在那个人宽阔的肩膀上，大喊着："驾，驾，骑大马喽！"而那个人从来不会因为我淘气的举动而生气。我喜欢看他明亮的眼睛，乌黑的眼眸，炯炯有神，好像那里面有点点的星光闪耀着。我曾天真地要求："你的眼睛好漂亮，把它送给我好不好？"那个人笑了，宠溺地说，如果你需要，我就把它送给你。年幼的我不明白他的意思，整日期盼着我需要的那一天。我喜欢把我娇嫩的小手塞进那个人粗糙的手中，然后咯咯咯地笑着问："我的手为什么不如你的手大？""我的手大是为了能让你住在里面呀。"他答道。那个人牵着我在时光的小路上留下一串长长的脚印。

　　然而某一天，我回头看时，却发现：那串属于我们的脚印已经被时光掩埋进了黄土。我侧过头，发现站在我身旁的那个人，宽阔的身影已变得不再挺拔。那个人老了，也瘦了，两鬓已经发白，深深的皱纹顺着脸颊爬了上来，而他那双眼睛——混浊的眼眸，呆滞的目光，曾经的星光蒙上了一层迷雾。我的鼻子一酸，眼泪在眼眶中打转。

我抬起头，不让眼泪落下，因为那个人说过，爱哭的孩子不是好孩子。看到了黑夜中的繁星，那么像那个人年轻时的眼眸。眼泪终究落下。突然看到那个人渐渐走来的身影，月光为那个人披上了一件银衣。光影交错，温柔地舔着那个人的脸庞。我向那个人跑去，充满凉意的夜风吹过我的脸颊。我大声地向那个人喊道："爸爸！"然后用一个大大的拥抱告诉他，我永远爱他。

东风为我来

刘鸣蕊

081

闷！

窗外的风使劲地吹着，枯枝败叶不停地旋转着，大地一片枯黄。风粗暴地敲打着我的窗仿佛用那铿锵有力的声音和我对话。

五年级最后一个星期了，要冲刺了。在这个阶段，作业真是如天高、似海深。我在书山题海中，眼皮却像两个不友好的朋友打起架来了，握着笔的手渐渐松开了。哎，先放松一下吧！我走到阳台，拿着手机，听起了音乐。看着窗外的风景，突然发现原来外面已经发生了这么大的变化：门前那棵老杨树不知什么时候被砍掉了，妈妈不知什么时候在花坛里种上了菊花。

这时听到了金志文《远走高飞》："如果让迎着风就飞，俯瞰这世界有多美，让烦恼都灰飞，别去理会自我慰藉。"我若有所思。

爸爸进来了，拍了拍我的肩膀，示意我坐下。出乎我意料，爸爸竟然拿着他奉若珍宝的茶叶进来了，还拿着两个精致的小茶碗，要知道这茶叶在平时我可是连碰都不能碰的。面对我的惊讶，爸爸缓缓地说："累了一上午了，过来和我谈谈心吧，放松一下！"爸爸先用凉水放上一点儿茶叶，可茶叶在茶碗里并没有多大的变化。爸爸示意我尝一尝，我狐疑地看了看，喝了一小口，眉头一皱，撇了撇嘴。爸爸狡猾地笑了笑。

接下来爸爸又用温水继续加热，茶叶已经稍稍舒展开，泛起丝丝绿意，传递着阵阵幽香。爸爸并没有立即示意我喝，而是继续加热……就这样连续煮沸了三次，不可思议的事情发生了：茶叶在不停地翻滚、舞蹈着，有起有落地沉浮着，片片茶叶终抵不过那沸水深深的拥抱，展开了自己细小娇柔的身材，飘出浓浓茶香。这香气飘满了整间房屋。

我深深陶醉其中，沉浸在茶的世界里。

"孩子，茶是历经沸水浸泡才绽放出清香的，你明白了吗？"爸爸语重心长的话语打断了我的思绪。

是啊！"宝剑锋从磨砺出，梅花香自苦寒来。"人的一生总免不了挫折与苦难，就如茶叶要经受沸水的冲泡那样。尽管茶叶生命短暂，但它那一缕清香将永记人们心间。人与茶一样，都要经过反复磨炼，才能散发出生命的清香。

打开窗户，窗外的寒风不再呼啸，一切烦恼也随风而去。此时东风拂面，成长路上，爸爸不就是那东风吗？东风为我而来，吹走我心里的烦恼，指引着我前进。我将在这布满挫折的路上，越挫越勇，创造辉煌的人生。

那道糖醋里脊

张嘉怡

　　相信总有那么一道菜令你回味无穷，也许源于它与众不同的烹饪方法，也许是因为有一段难以忘怀的记忆。于我而言，恰恰是隐含在菜中的"家"的味道，让我品尝过无数的美味佳肴后，依然对它情有独钟。它，就是一道对别人而言最平常的家常菜——糖醋里脊。

　　或许是因为在家里做了一次家务，或许是由于帮妈妈洗了一次脚，抑或是因为试考得成绩不错，总之，每次当我表现出色的时候，老爸总会用他惯用的方法奖励我。接下来闪亮登场的一定是我最喜欢吃的糖醋里脊了！每到这样的时刻，我都会像小馋猫一样，黏在父亲的背后，口水已垂涎三千尺了，巴不得一出锅，就能一下扑上去吃个精光。

083

　　糖醋里脊仅仅是一道普普通通的家常菜，它的做法也很简单，老爸已经做过无数遍，我也偷偷地学过无数遍了，可是我好像对做菜一点儿也不擅长，以至到现在，我一点儿也没有学会。但是菜谱我已经背得滚瓜烂熟了：首先，要把里脊肉切好丝；然后放入盐、胡椒粉、姜丝和蛋清腌制五分钟；接着，夹取姜丝放入大盘里，边撒淀粉边抓匀，直到所有的姜丝和肉丝沾上淀粉，互相不粘连；再抖去多余的淀粉，放入油锅炸至表面微黄，沥出来反复炸一遍，在锅里留少量的底油，倒入番茄酱，加入少量的糖和醋炒出小泡，倒入小半碗水淀粉，熬出汤汁，把炸好的里脊肉翻拌均匀；最后，撒上白芝麻。一道香喷喷的糖醋里脊就出炉了！

炸好的里脊红中透着深橙色，鲜美无比。我吃过很多饭店做的糖醋里脊，它们有的颜色不鲜亮，有的入口坚硬无比，有的酸甜配合不均，有的淀粉太多……总之"曾经沧海难为水"，他人做的糖醋里脊，我实在瞧不上。也许正是因为这小小的一盘糖醋里脊，有了"家"的味道吧！

现在我大多数时间在学校吃饭，只有周末才能再吃上这道美食，才能再看到那鲜美的糖醋里脊。每次看到我那副盼望糖醋里脊的馋样儿，老爸总会假装生气地说，"我怎么觉得你看到这道菜比看到我还亲啊！"

糖醋里脊啊，你已经不仅仅是一道普通的菜了，你是家的味道，你是爱的滋味！

那道红烧翅中

孙朝阳

阳光洒落，隔家几里地的我，仿佛嗅到了一股隐隐约约的香味，我知道那是妈妈的味道。

回家途中，暖暖的阳光被风裹挟，毫不吝啬地散落于每个角落。空空荡荡飘摇了整个冬季的树枝，一些嫩绿的东西开始生长，远方，我看到了妈妈的身影。

回到家，太阳已升高，妈妈脸上的汗珠，在灿烂的阳光照耀下，发出耀眼的光。此时的妈妈正在厨房忙碌着……一向被调侃为"饿死鬼"的我，马不停蹄地冲到冰箱旁，打开冰箱，满怀期待地寻找着有什么好吃的。这时妈妈的眼神掠过我："别找了，饭做好了，我给你做了你最喜欢吃的红烧翅中。"

我一听，顿时乐开了花，立刻停止了我正在进行的"搜捕"行动。可是红烧翅中在哪里呢？"噌，噌，噌"，我启动灵敏的鼻子，顺着香气找到了那盘令我垂涎欲滴的红烧翅中。急忙拿起筷子夹起翅中，迫不及待地放进嘴里。啊！还是老味道，还是那么美味。

饭桌上，妈妈一直在给我夹菜，那浓稠的蜜汁，丝滑甜美。那香气溢满口腔，在胃里转悠。啊，这是妈妈的味道！

妈妈的筷子在不停地动，不住地给我夹菜。直到我碗里的食物都快放不下了。看到自己这堆成小山的饭碗，再看看妈妈的空碗，我心里不知怎的突然感觉酸酸的，忙说："妈，你也吃啊！""你正长个子得多吃点儿。"说完妈妈又给我夹了一块。直到整整一盘翅中都被我吃光，妈妈才收回满意的目光。菜已经吃光了，那味道却氤氲在我心里，久久不能忘却。

有一次，同学们在一起讨论什么味道最美，他们的答案五花八门，最后我说是妈妈的味道最美。同学们诧异地望着我："妈妈有什么味道，我为什么没闻到？"我笑笑告诉她："妈妈的味道是要用心体会的。"

妈妈的味道，是红烧翅中的香味，是爱的味道。

085

留在心中的那份暖

那串冰糖葫芦

高汝月

　　记忆中的集市是非常热闹的。卖布的，卖小吃的，卖小孩子玩意儿……人们在街道两旁把摊摆得满满的，各自站在自己的摊位前招徕顾客。

　　每次集市我都会央求祖父带我去，祖父也总会答应我。距离我们村最近的集市也得十几里路呢，可祖父从不食言，每次都背着我去。每次出去他都会特意换身衣服，再专程去小卖部给我买糖果。不用我告诉他，他就知道我对什么糖果又产生了新念想儿，有时我甚至怀疑祖父会"读心术"。

　　该出发了，他便蹲下，回过头冲我喊道："丫头，咱得走了，不然冰糖葫芦就卖没了！"我远远地跑过来，扑向他的后背，紧紧地搂住他的脖子，有时还会揪住他的耳朵，扯弄他的头发。他对我这调皮的捉弄从来不会恼怒，总是高兴地和我嬉戏。

　　集市上人特别多，到处都很热闹。祖父害怕我被挤丢。总会让我坐在他的肩膀上。我安稳地坐着，不敢动弹丝毫，生怕摔下来。祖父也总是紧紧地抓住我的腿。

　　祖父带着我在人群中穿梭，我们从人群中的缝隙里钻到了集市中央，终于看到了冰糖葫芦，于是我们便拼命地挤到跟前。那亮晶晶的

红宝珠让我两眼发光，哈喇子也快流出来了。祖父看到我那馋样，摇摇头抿嘴一笑，买了一串给我，我迅速接过，生怕它会跑了似的，目不转睛地盯着它。我紧紧地攥着这"美食"，先让祖父尝一尝，自己再仔细品尝它的滋味。轻轻地咬下一小块，糖丝黏在我的牙上，酸酸的，甜甜的，在我口中弥漫，久久不能散去……

祖父和蔼地望着我："任务完成了，咱回家吧！"我爬上他的背，这此时此刻的甜蜜，一点一滴，慢慢渗入心中……

夕阳渐渐落下，晚霞映在他的身上，把我们的影子拉得很长很长。时隔多年，每当回味起冰糖葫芦的滋味，感觉还是那么黏牙，还是那酸甜的感觉，还有心底久久不能散去的甜蜜……

那碗蜂蜜八宝粥

吴　诺

087

四年前的那个冬天，格外寒冷。奶奶家的小狗，只好钻到自己的"被窝"里取暖，我也不例外。就在这时，奶奶把爷爷熬的八宝粥端来，说道："爷爷特地给你做的，快点儿喝了，暖和暖和吧！"我急忙接过碗。

没想到，意外发生了。手一滑，只听"啪"的一声，碗掉到了地上，喝了一半的粥也洒了。我又怕又难过地哭起来。当我正伤心难过的时候，爷爷又端来一碗粥，哄道："宝宝别难过，这一碗比刚才那一碗还好喝，我特意给你放了蜂蜜哩！"说完，他还调皮地冲我一眨眼。听到这话，我立刻破涕为笑，赶紧接过爷爷手里的粥，大口大口地喝了起来。那一晚上，我都沉浸在那碗蜂蜜八宝粥的美味里。

记不清，和爷爷相伴的日子里，我喝过多少碗这样美味的八宝粥了。然而，幸福总是短暂的，不幸还是来了，两年前爷爷因肝癌去世了。哎，他生病的时候，我竟然一点儿也没有察觉出来，我真是太笨了！

每次喝八宝粥，我都会想起爷爷。小时候不懂事，我总是埋怨妈妈做的八宝粥不如爷爷做的好喝，是因为里面没有蜂蜜的缘故吗？

现在我长大了，已经不会再缠着妈妈给我做同样味道的八宝粥了。可是有时候，自己却忍不住循着回忆中的味道如法炮制。终于在尝试了数次之后，我也放弃了。没有了爷爷，谁能做得出那样美味的蜂蜜八宝粥呢？

如今，我已经不再像四年前那样幼稚了。可是，无论我长多大，身处何地，我终究还是忘不掉四年前喝八宝粥的时光，忘不掉宠爱我的爷爷。

摇曳在心头上的你

就像林清玄笔下的那朵百合花，就像雷抒雁笔下的两种花。在你的生活经历中，总有一种植物触动你的灵魂，或者给你人生的思考，或者寄托你深沉的情感。拿起笔，记录它，让它永远在你我的心头摇曳。

成长中的烦恼

张 文

在成长的道路上，人们最不缺少的便是烦恼。在烦恼中，我们才能一步步地走向未来，走向成功！

翻开记忆的篇章，轻轻拂去那久积的灰尘，我一页页地翻阅着，忽的，被其中一页深深吸引。是的，曾经那刺目的红色分数，曾占据了我的心田，这是什么时候的事情了？哦，原来，是在那时……

那是一次期中考试，那一次本以为可以考九十分以上的我，就像被一只无形的大手一下子拍到了谷底。我败了，败得一塌糊涂，那张试卷，就是那可恨的大手。我失利了，那试卷上鲜红的七十六分，显得更刺眼了

心情沮丧到极点的我，在受了一顿"皮肉之苦"后，还要听唐僧似的妈妈的唠叨，那些话，我听得迷迷糊糊的。突然，妈妈语重心长地对我说："孩子啊，不要灰心丧气，好好找找自己的错误，妈妈相信你，下次一定能考好！"

这番话点醒了我，我开始认真地反思自己。确实，最近，我有些骄傲自大了，上课不认真听讲，老师在上面讲，我在下面玩。再看看试卷，错的题自己明明都会做，但还是因为粗心做错了。这个毛病真不好，一定得改。

　　于是，我变了，变成了一个"乖乖女"。上课时，我敏捷地捕捉住老师讲的每一个句话，并努力地消化、理解那些知识点。我的学习成绩有了明显的提升。

　　光阴如箭，期末考试到了。我信心满满地走进考场，又信心满满地走出来。试卷发下来，看着那鲜红的分数，曾经刺眼的分数被骄傲的成绩所取代。看着那一个个令人高兴的大对号，我激动不已。我考了九十六分，我胜利了！

　　合上记忆之书，我又回到了现实，深深地思考着……是的，成长的道路上最不缺少的便是烦恼，烦恼有大有小。但烦恼过去，便是晴天，你会发现天边高架的彩虹是那么绚丽多彩。

生活中的小烦恼

孙语涵

　　烦恼就像一张大网，无时无刻不笼罩着我们。想逃脱，难。

　　上个星期我就被一件烦心事缠住了。那是一场同学间的误会，因为我不擅长与人沟通，常常会因为自己不经意的一句话惹怒他人，所以如何解决这种事情一直困扰着我。这样，烦恼也就随之而来了。

　　那天，语文课代表在发报刊。我拿起一看，嘿，有我的名字。我的作文登上《田园报》了，这可是件值得喝彩的事情！但当我仔细看时，心中猛然一惊，顿时瞠目结舌，紧攥着《田园报》的手心也直冒汗。天啊，这不是写我小时候玩伴的那篇作文吗？好嘛，我那篇催人泪下的《母亲》没选上，令人捧腹大笑的《童年趣事》没选上，偏偏这篇被选上了。要知道，这篇作文写的是：我和她一起练习毛笔字的往事，为了衬托出我练习书法时的勤奋、刻苦，对她可是大贬特贬呢！这其中当然有我自己夸大的成分，她现在可是我的同班同学，她读了会怎么想？早知道在文中就用化名了，哎！

世界上没有卖后悔药的，总得找解决的方法。此时，我的脑海中已经浮现无数个解决方案。要么等她问时就装作惊讶地说："呀！我本来没想写你。"还是说："其实你是我最忠诚、最可爱、最亲密的好朋友了，所以我才写你的。"

终于在舍友的鼓动下，我决定去负荆请罪了。我战战兢兢地找到她。心中安慰着自己：没事，她会理解的，解释出来你就啥事儿没有了，你就能安心学习了。看到她，我连忙一五一十地把自己的想法告诉她，没想到她听完后，对着我哈哈大笑起来，还调侃我说："你想象力这么丰富，难怪作文写得这么好！下次我也这么办。"就这样，这件事就解决了，根本没有我想象中那么艰难。

其实，烦恼并不完全是坏事。有时，烦恼能使人变得成熟稳重；有时，烦恼能使人成长。让我们学会面对烦恼吧，在这过程中你会感受到人生的丰富与奇妙！

两 抹 绿

夏书琴

随着年龄的增长，我常感到许多压力向我袭来，压得我喘不过气。

有一天，我从家里跑出来，脸上还留着泪痕，外面正下着雨，就连老天好像也在为我感到悲伤。这已经不知道是第几次与父母吵架了，真伤心！冷得发抖，心里更加阴冷。我走在路上，任雨水冲刷着自己。走着走着，雨越下越大，我决定先去避雨。

在挡雨的地方，我看到了石缝中的一株小草。小草生活的地方没有土壤，连水也只有在下雨时才能享受得到，但小草却顽强地生存了下来，它是那样绿，绿得让人感动。

我看着它，想到了自己：小草在这么艰难的环境下依然不屈不挠，顽强地生存了下来，而我遇到了一点儿烦心事就这样，实在不应该。想到这些，心里顿时晴朗了许多。太阳公公仿佛察觉到了我心情的变化，也露出了笑脸，天晴了！回头再望小草，它是那么的美丽动人。

回到家，与父母好好沟通一番，我们的关系比以前更亲密了。

到了高年级，学习更加紧张了，看着去年买的宝石花，便想起：去年因为我对宝石花的疏于照顾以及寒风的折磨，等我再想起它时，盆中已是一片狼藉：叶子所剩无几，泥土上覆盖了一层枯萎发黑的残叶，已经快要枯萎了。我不舍得丢弃它，却也只能惋惜地把它放在了墙角。不料，春天一到，原来死气沉沉的宝石花竟长出了新的嫩叶，焕发出了勃勃生机。现在看着它，好像听到了它在悄悄地提醒我：再大的挫折也不能阻挡它奋进的步伐。

我领会了它的用意。我知道了我现在不能松懈，要不断地充实自己的知识，如一支蓄势待发的利箭，准备着最后的冲刺。

在成长的道路上，只要你细心观察就会发现总有一些东西会给予你启发。我永远记住了那影响我的两抹绿……

成长的烦恼

蔡慧琳

有人说，有烦恼才能有快乐，先苦才能后甜。还有人说，烦恼像是黄连，苦得难以下咽，而我认为烦恼正是那一杯浓浓的咖啡，虽然苦，却也洋溢着浓浓的香味，令人回味无穷……

也许是得益于老师的厚爱吧，每次上历史课，我总能得到被提问的机会，而我却三番五次地辜负老师的期望，结结巴巴地答不出来，真烦！

那天如往常一样老师先让同学们自己背十分钟，我立刻拼了命地又读又背。"咋这么难背啊？背了上句忘下句，内容还这么多，啥时候能背过啊！"我一边敲打脑袋一边愁眉苦脸地往下背。时间一分一

秒地过去了，我感觉自己已经记住了。不就是五四爱国运动的时间、地点、经过和历史影响吗，有什么可怕的？可我的小心脏还是在胸腔里怦怦乱跳，全身发凉，紧锁眉头，不断地紧咬着自己的下唇，连声音也发起颤来。

只见老师走到讲台上轻轻拍了拍手，教室里霎时间鸦雀无声，连一根针掉到地上的声音都能听得到。我屏住呼吸看向老师，果然不出我所料，老师又叫到我了。我不由一惊，手忙脚乱地站起来，还不忘快速扫了一眼课本。我站起来，紧闭双眼，一张口，天呐，脑子里竟然一片空白，刚才那背得滚瓜烂熟的知识点都跑到哪里去了？我忍不住叹了一口气，结结巴巴地回答了起来，连自己都不知道说了些什么。唉，我那可怜的脆弱的心理素质呀，竟如此不堪一击！

我深深地自责，我那么喜欢上历史课，历史老师那么信任我，我却让老师一次一次地失望。我下定决心一定要改变这种状况。从这之后每节课前和课余时间我都先把知识点背到滚瓜烂熟，然后让同桌和组长再提问我一遍，要保证站起来时流畅到脱口而出的程度。一遍一遍地练习之后，我终于能流利地回答老师的问题了。那一刻，我如释重负，心情大好，感觉就像阳光穿透乌云。

那一直困扰我的烦恼终于烟消云散了！

其实烦恼真的是无处不在，如果你克服了它，它就似一杯咖啡，苦涩却伴着浓浓的醇香，使人回味无穷。

那次经历

张孝康

　　没有谁的成长道路是一帆风顺的。或许一次失败会打击你的自信心，或许一次错误会让你迷失方向。但是成长道路上的困难是必不可少的，每一次经历都是值得珍藏的财富。

　　记得小时候，那次经历彻底改变了我面对恐惧的心境。

　　那年暑假，姑姑带着我和哥哥去玩了一次蹦极。在路上，我无数次幻想我爬上去的样子，想象自己是多么勇敢地跳下去。但当我和哥哥爬上蹦极台时，我往下一看，感觉一阵眩晕，紧接着就冒出了一身冷汗。我有点儿怕了，躲在哥哥身后，把他推了过去，让他先跳。

　　只记得那时我坐在地上，抱着一根大石柱，不敢往下看。哥哥穿好护具之后，我慢慢挪过去问他："敢跳吗？"哥哥点了点头，没说话。即使哥哥什么也没说，我也能看出他心里的害怕，他额头上冒出了一丝冷汗，双手紧紧抓住护栏。终于，哥哥还是回过头去，对工作人员说："准备好了，来吧。"等他们打开那扇小铁门，一阵阵凉风迎面扑来。哥哥显得有些犹豫，蹲下去，却迟迟没有动弹。犹豫过后，哥哥还是选择用力往外一跳。我赶忙从台边探出了头，只看到一个小黑点在晃。

　　轮到我了，看着哥哥跳完之后一脸轻松的样子，我也没有那么怕了。哥哥对我说："跳吧，别害怕，真的很刺激！"我点了点头，但内心是拒绝的。我穿好护具之后，往前一站，两腿不停地发抖。我一直闭着眼，不停地咬嘴唇。即使我很害怕，但我心里明白，懦弱和勇气，成功与失败只在一线间。我深吸了一口气，蹲下身子，按工作人员说的那样：身体往前倾，闭上眼，用力一跳。就在那瞬间，一阵阵的狂风使劲儿地砸在我脸上，感觉自己像一颗流星划过天际。当我睁开眼时，已经结束了。我还被悬在半空中，感觉真是无比刺激。

从那以后，我便学会用新的心态来面对恐惧。我坚信，恐惧过后，一定会迎来更精彩的人生。

每一次经历都是一笔财富，而每一笔财富都值得我们去珍藏。

经历是一种财富

郑　静

在街上，人来车往的，像畅流的小溪，我开始变得迷茫，我已经不知所措。脑海里不断闪现发试卷时的情形：旁边的同学热烈地和别人讨论着分数，老师不苟言笑的面孔上也流露出阳光般的微笑，那位似乎发挥不错的学生正手舞足蹈。可周围的一切都与我无缘，我失败了。

向远处瞭望，我弱小稚嫩的身躯已快撑不住。感觉自己像被压在五行山下的孙悟空，试卷握在手中早已经皱成一团。我展开试卷，任它在风中胡乱飞舞，刺入眼帘的是那几个鲜红的数字。那成片的大红叉灼烧着我的眼睛。我的成绩一落千丈了，那原本炽热的激情渐渐消退，是谁说努力是一定会有收获的！那些夜晚中我做题的影子一次次浮现在脑海中，我无奈地笑笑。此刻我彷徨了。

许下的誓言，我都一一坚持下来了吗？也许，即使我努力了，也不会收获可喜的成绩吧？

不行，即使不会成功，我同样需要坚持，因为付出不一定会有回报，但不付出就一定不会有回报。在月光的照耀下，我明白了自己不能只靠想象就想获得成功，成功是需要付出千倍万倍的努力的。毛毛虫不是经过蜕变才羽化成蝶的吗？不经过挫折的人生，是不会有彩虹的。那些不努力的人只配活在阴影里。

"宝剑锋从磨砺出，梅花香自苦寒来。"只有经历的挫折多了，我们才能明白生活的智慧，经历也是我们人生的财富。

098

失败——我人生的财富

小 涵

当你迷茫，当你受挫，失利也许并不是压倒你的"稻草"。相反，它可能会是值得你珍藏的财富。

那是落叶泛黄的秋天，下了校车的我独自走在小路上，手中被攥得满是褶皱的试卷上画满了邪恶的红叉叉。它们似乎咧着嘴对我笑，我只想大哭一场，可是干涩的眼睛却挤不出一滴眼泪。抬头望望掠过枝头上的鸟儿，可是往昔枝丫间鸟儿的合奏，此时听来却像是对我的嘲讽和讥笑。

深吸一口气，推开家门，用灌满铅的腿迈出了第一步。可当我看到母亲溢满笑容的脸时，我崩溃了。往昔轻声细语的问候，似乎成为她对我的失望与无奈的前奏。我跑回屋内，躺在床上，两眼无神地盯着天花板，一动也不想动。现实，似乎抽光了我所有的力气。

我不明白为什么会失败，是因为我不够努力吗？我不明白为什么会受挫，是我不够聪明吗？我不知道，真的不知道。

这时妈妈走进来，坐在床边，轻抚着我的头发，对我说："这次失败了没有关系，一次的失败并不能说明什么，只要你继续努力，一定会成功的。"我闭上眼睛，这样的安慰，我已经听了无数遍，可是那只是安慰。妈妈的一句话却点醒了我，她说："哭过了，把眼泪擦干，跌倒了，再爬起来，你还是你。哪怕别人不相信，你也要相信自己。"

是的，哪怕别人不相信，我也要相信自己。这不是挫折，而是一次磨炼，这不是失败，而是我的财富。哭过，倒过，站起来，我还是我。

无论何时，失败都不会成为我人生道路上的阻碍，它只会成为我珍藏一生的财富。

值得珍藏的财富

刘天洁

生活中总会经历一些令你难忘的事。也许那是些令你高兴，让你兴奋、激动的事；也许它会是些令你沮丧，令你伤心、难过的事。无论哪一种，它们都会是你未来的财富。

去年，我妈妈怀孕了，我非常高兴，因为我一直想要一个弟弟或妹妹，我很期待他的出生。

可是天有不测风云。那天晚上，我妈妈突然肚子疼。而且疼得无法忍受。不得已，爸爸陪着妈妈到医院去了。留下我一个人在家里等待着，我在家辗转反侧，睡不着觉，非常担心妈妈。夜里一点左右的时候，我终于忍不住给爸爸打了一个电话。爸爸说，孩子早产，有可能保不住。电话里我听出爸爸的声音哽咽，我心里也一下子变得十分沉重，也非常想哭：没想到我日夜思盼的弟弟或妹妹，可能会没有。

到了第二天早上，爸爸又跟我说还有救活的可能，但至少需要花二十万。即使这样，医生说救活的概率也只有一半。我爸爸已经做出了决定，不管怎样都要救她。

她是一个女孩儿，爸爸妈妈一直盼着有个闺女。唉，如今喜事却变成了伤心事！

妹妹被转到了重症监护室，家人只能每个星期到里面探望她一次，爸爸则每天都会去问大夫，询问妹妹的情况。就这样过了好几个星期，从开始情况非常糟糕，渐渐变得有所好转。爸爸把这个好消息告诉我们的时候，我们的心情也随之放松下来。

两个月后，奇迹终于出现了，妹妹被救回来了！我们一家人高兴得要命！没过几天，妹妹终于可以出院回家了，我对她左看看右看看，很喜欢她，爸爸妈妈也格外喜欢她，全家人都小心翼翼地看护着她。

这就是我永远不能忘记的一次经历，是值得我一生珍藏的财富。这件事让我知道了只要有一点点希望就不要放弃。

摇曳在心头上的你

樊雨菡

　　炎炎烈日炙烤着大地，屹立在院中的枣树也已被炙烤得汗流浃背，默默地弯下了挺直的腰板，而树上的枣却红得耀眼。望着那一颗颗饱满的红枣，回忆瞬间涌上心头……

　　那棵枣树，长在院中央。它和房屋一般高，生长着茂密的枝叶，它的树皮已经开裂，像老人的皮肤般粗糙不堪。但每年这个时候，它的枝头都会挂满枣子。

　　太阳依旧炙烤着大地，偶尔会有几缕清风吹过脸庞。树上红彤彤的果实如红宝石般悬挂在树头，像在呼唤我们。我们也似乎与它心有灵犀，早已备好工具准备打枣。爸爸个子高，负责拿钩子钩，我和妈妈则捡拾掉落在地上的枣。一钩子下去就会掉落下许多饱满的枣，有的会掉在头上，发出"啪，啪"的响声，让人哭笑不得。树叶伴着枣一同掉落，而我则随着姐姐的步伐在风中"摇曳"，那样子真是让人忍俊不禁！此时，我们一家人都洋溢着幸福的笑。妈妈的笑如清茶，清新淡雅；爸爸的笑如牛奶，平淡悠长；而我的笑容则如一杯果汁，香甜无比。就连脱掉"铠甲"的枣树都露出了心满意足的微笑。

　　时间转瞬即逝，如今，我已长大，在家中玩耍的时光渐渐减少。每次回到家中，首先映入眼帘的是在院中的枣树，细细想来，它不知已度过了多少个春、夏、秋、冬，尽管身体已有残缺，但它依然开花结果长枝叶，从未延迟过。在我看来，它就是生活的强者，是独一无二的，具有震撼人心的力量。

微风徐徐吹过，枣树在微风中随风摇曳，更在我的心头摇曳，落地生根。

爬山虎的选择

张文哲

102

我的家在农村，每座房子之间都有一片开阔的空地。这片向阳的地方，早晨太阳一升起，地上便如舞台一般，洒满了光辉。从中午一直到傍晚，空地上都是一片明媚的阳光。

多好的一片空地！许多农人都想在空地上种上一些菜，好供给自家人食用。然而，有一天，空地上竟冒出一些爬山虎的小苗。它生在墙根底下，也许是因为它生长的偏僻吧，没有人管它。人们都想当然地认为它活不长，因为那里没有阳光。但它，却越长越大，有些枝条已爬上人家的墙，但很快被人拔了。

它一次次地努力生长出一些小苗，却一次次被人拔去，也许是人们认为它不会再长了，也许是人们再也懒得去拔了，就放任它在那偏僻的角落自生自灭。终于它得到了一直渴望的阳光，于是它奋力向上生长，覆盖了人家的屋顶，有些小孩子贪玩，把爬山虎的枝条扯下来，抢着玩儿，可几日后，爬山虎又迈着它那小巧但又坚定的步子爬

上了墙头。

爬山虎越长越旺，绿得发紫的叶子每天在墙头冷冷作响。终于，在某一天它开出了一朵朵淡黄色的小花。

从此，爬山虎便成了我们那儿一道亮丽的风景，即使在百里外也可看到我们的村庄，爬山虎成了一道独特的风景线。

你看，正是由于爬山虎的选择，才成就了这幅美景。生活的路有很多条，如果你遇到了挫折，想想那片爬山虎的坚韧，你就学会了什么叫迎难而上；如果你遇到了失败，不要气馁，也不要垂头丧气，想想那片爬山虎的倔强，你就会明白这不过是通往成功路上的一粒小石子而已。

没错！这就是爬山虎的选择，生命的伟大也正在于这平凡的选择！

一帘枣香梦

梁静雪

谁无美好回忆？那是一种香甜的味道，即使岁月悄悄蚕食，也不会消失得无影无踪。

犹记得那个凉秋，迎面就会撞上那种香，怎么嗅，也嗅不够。

窗外的老枣树，得有几年了。这个秋天，它又结了满满的香枣，沉甸甸地垂在枝头，直压到窗台上。我正伏笔写作业，抬首，这一树的红枣映入双眼，阵阵枣香直往鼻子里钻，让人垂涎三尺！等不及了，把笔一丢，我忙唤家人来摘枣。

一会儿，就分好工了。我小，只能挽着篮子去拾那一颗颗香枣。望着被夕阳瘟氲的脸红的嫩枣，任谁都阻挡不了那份枣香的诱惑吧！

爸爸在树上摘，我就这边拿一个，那边捡一个，虽跑得满头大汗，却也不亦乐乎！有了那丝丝枣香诱惑，我跑得更快了！

不久，满树的红枣被我和爸爸摘走了一大半，整棵树好像轻了负担，神采奕奕，与早晨的样子截然不同。

此时，将暮未暮，我肚子打起了鼓，家人也都饥肠辘辘。望着满篮的红枣，妈妈提议做枣糕！于是乎，全家齐动手。妈妈让我去玩儿。我噘着嘴，瞥一眼红枣，突然有偷吃枣的想法。叫上妹妹，开始行动。

趁母亲揉面之时，我蹑手蹑脚地、猫着腰、踮着脚走到篮子前，捏起一颗红枣，放在嘴里，嗯……枣里的果肉，好甜，甜化了心！尝到了甜头，我边装作若无其事的样子四处游荡，边往嘴里放枣。复之又复之，五次之时，我大胆了，开始"光明正大"地吃，这枣仿若人间极品，只要尝到，就心满意足。

104

"你在干吗？"妈妈诧异地问道。空气中透露着尴尬。"随便走走"我话语脱口而出，自己马上就后悔了，走走？自己都不信。我马上挤出个微笑，溜之大吉！

此事过了好久好久，它却还停留在我心灵深处。

拾一份回忆，携一篮红枣，枣香仿佛穿越了时空，在鼻间萦绕。回眸过往，沉醉了我的一帘枣香梦……

心中的小太阳

毛雅欣

  小时候，我一直特别讨厌牵牛花。因为它不如牡丹高贵，不如百合圣洁，不如玫瑰绚烂。它还总是依附着别的物体才可以生长开花，寄人篱下却又心安理得。但是如今，我却彻底改变了对它的看法。

  清晨，太阳像一个害羞的小姑娘，迟迟不愿升上天空。它将那微弱的阳光投向大地，却总也温暖不了夜的寒冷。真冷！于是，我便决定去别人家取暖。路上，我看见一堵破旧的墙上长着大片大片的牵牛花，碧绿的叶子间缀满了无数的花朵。一开始，我认为，那牵牛花是靠着那堵墙才能攀岩、开花。它只是利用别人成全了自己而已。这样想着，我很快走了过去。

  中午，太阳升上了头顶，我也渐渐暖和起来，便和伙伴一起去玩耍。同伴是个爱花之人，她家院子里的花在这个时节都争相开放，一片姹紫嫣红，煞是好看！但当我再次路过那堵墙时，偶尔一瞥，却发现牵牛花像是枯萎了一般……

  到了黄昏，太阳渐渐落下西山，那零零散散的余晖比起晌午时是那么微弱。这时，我走到那堵墙旁，令我诧异的景象展现在我眼前：那片牵牛花开得是那么美，一片金黄只逼我的眼睛……

  带着震撼、不解和思索，我回到家。"妈，你喜欢牵牛花吗？"

摇曳在心头上的你

我问妈妈。未料想母亲不假思索地说喜欢，她轻声说："牵牛花虽然依附别的植物生长，但它也给那些植物增添了生机呀！""它为什么主要在清晨和黄昏开花，那时的阳光总是特别少呀！"母亲望了望我，意味深长地笑着说："可能是它心中有个小太阳吧！"第二天，当我再次来到那堵墙前，再次望着牵牛花叶子上的露珠时，我明白了：它也为成长流下了努力的汗水啊！

即使是天空中最微弱的星星，也可以放射出最美的光；即使是令人讨厌的花，也可以散发迷人的芬芳；即使是最普通的小草，也可以坚强地长大。只因为，它们心中都有一个属于他们的小太阳！

浓浓瓜子情

106

张悦尘

新年照例是小孩子的节日。吃的，穿的，玩的这些在年前必是要早早准备好的，而农村人最先准备的，必是那瓜子。从年前十几天一直可以吃到年后一个多月哩！而我们家的瓜子从来不在外面买，奶奶常说："外面的东西虽好吃，但恐怕不干净哩！"

奶奶可是我们家的主审官，"生杀大权"全握于她手中。炒瓜子这件事自然也逃不出奶奶的手掌心。但奶奶到底是个老实巴交的妇人，向这家打听打听，到那家瞅瞅。终于在年前一个月开始动工了，只见她先是拿出自家早就打好的葵花籽，放在一个盛满葱、姜、花椒、盐以及酱油的水缸里，那缸里自然还有种种我不熟知的大料。说

是水缸，其实很矮，我小时候看它都得弯腰。然后奶奶再在缸上贴上一层塑料薄膜，盖上竹盖子，就这样泡个十来天。一打开，嚯！满缸的香味挡不住地往人鼻子里钻，人在缸边站久了也会染上一身的香气呢！奶奶干劲十足地把瓜子盛出来之后，就把瓜子放到大炒锅里用沙土炒，等瓜子壳炒硬了，香味便更加浓郁了。等瓜子凉透之后，奶奶总是让我第一个品尝。之后奶奶便迫不及待地一袋袋往外送，可我自己还没吃够呢！

我对奶奶自行炒制的瓜子是爱不释手的，常常抓一把到东家串串门，到西家瞅一瞅，回来便是满手的瓜子壳和一嘴的香料味了。奶奶总是一脸慈祥地看着我，笑着用她那方蓝色的手帕为我擦嘴。奶奶一边给我擦嘴一边轻声嘟囔："小花猫，吃多了可是要咳嗽的哟！"我便放下抓起的那一大把，抓起另一小把，灰溜溜地从里屋侧门溜走了。

腊月里，奶奶经常把我唤过去，把几袋瓜子放进我小车前的车筐里，让我挨家挨户"送年货"。满满的几袋瓜子压得我都快骑不动了。乡邻们大都不好意思接受，但是盛情难却。送完年货，他们总会往我口袋里放几块糖，犒劳我这个小送货员。每当我与奶奶说起邻居吃了这些瓜子的反应时，奶奶便会捂着没剩下几颗牙齿的嘴，笑呵呵地抓一大把瓜子塞进我的裤兜里。

现在奶奶年纪大了，腿脚也不十分灵便。小时候的瓜子自然是不能经常吃到了，然而那份浓浓的瓜子情却深深藏在我的心底，让我忘不掉。

摇曳在心头上的你

今夜月圆

时薇佳

月亮终于拨开层层面纱，露出她清雅秀丽的面庞。银色的清辉洒向大地，如水般空明澄澈，水中还有纵横交错的"斑驳"。一阵清风袭来，在昏黄的月光中有一缕暗香扑鼻而来。哦！是院里的桂花树，在月光的照映下，那花姿越发迷离。花香也愈发清幽。今晚的月色让我有一种熟悉的感觉，在夹杂着淡淡花香中，思念尤为清晰。

中秋节的晚上，我与爸妈在吃团圆饭。可是，真的团圆了吗？没有，姐姐还没回来。吃过饭后，我独自在门外赏月，月亮很远，很亮。今天，也许，很多家庭都团圆了吧！也许，也有许多家庭和我家似的还未团聚，那他们一定也倍感思念吧！

闻着院中的桂花香，悲伤却向我汹涌袭来。月光笼罩在桂花树下，竟有了一种朦胧之感，就像披上了一层银白色的纱衣。姐姐你在北京还好吗？什么时候能够回家呢？也许要等到过年了吧！我惆怅地回屋睡觉。望着那一轮明月，月亮就像一面镜子。我竟在那镜子中看到我们一家团圆的情形。我挪出被窝，坐在床边。生怕这一景象消失不见。在床边待到半夜，没想到竟睡在了那里，耳边传来妈妈的声音。此时，我也终于想明白了。分离是必要的，短暂的离别是为了日后永恒的团聚。

院子里的桂花香扑鼻而来，香气穿过时间的隧道一直沁润着我的心田。此刻，我心中只愿人长久，千里共婵娟。虽然相隔千里，希望姐姐也能享受着这月光。

告　别

张希尊

告别，让我感到害怕和不安；告别，使我难过。告别过去，迎接新的每一天，这句话说起来很容易，可是谁才能真正地告别过去，从头开始呢？

我的告别只是跟他说一声：再见。但我并不能真真正正地忘记他，因为他对我来说太重要了。我并不想真的跟他告别，我也不能当面跟他告别，这一切只一个原因：他已经离开我去了一个很美的地方——天堂。

今天，我又一次想起了他，其实我每天都会想起他。他的心愿是让我每天都快乐，而我的愿望则是他能每天都陪伴在我身边。

他是我的雨伞，帮我阻挡暴雨；他是我的大树，帮我阻挡狂风；他是我的港口，让我累了时休息。我需要他的爱，他对我来说太重要了！如果可以，我宁愿用我的一切换取他的生命。他离开时，我没有和他告别。他一句话也没说就走了，走得这样悄无声息，知道他去世的消息后，我哭得很狼狈。

生活就是这么不遂人愿。他说过他会陪伴我长大，可我还没有长大，他就舍我而去。他食言了，他骗了我，可我却对他恨不起来，只有对他的思念。当时他生病了，虚弱地躺在床上，一动也不能动。我却只能眼睁睁地看着，什么也不能为他做。唉，他有多难受，我就有多心疼！我多么希望能够替他承受这病痛。他躺在床上是那么安静，我多么盼望他还能够从床上起来和我一起疯，我想和他奔跑在田野里，一起笑，一起跳，一起跑……

他刚刚离开的那段时间是我最难过的时候。那段时间，我常常回想起我和他的点点滴滴，我也常常幻想他能再像小时候那样陪着我。

"我请求你常回来看看我，我会一直等着你来看我的，我想你了，我爱你。"告别我最重要的人——我亲爱的姥爷，让我心如刀绞。

最美的时光

赵立众

"池塘边的榕树上，知了在声声叫着夏天……"一首歌曲将我的思绪又拉回到童年，那是和外婆一起度过的时光，是记忆中最美的时光。

记得小时候，我和外婆常常在后园里，外婆种菜，我也种菜。其实哪里是种菜，只是东一脚，西一脚地瞎闹。玩腻了，就放上苹果核种苹果。我常会跑到外婆面前，笑嘻嘻地说："外婆，我种的苹果树长大了，我们就能吃苹果了！"外婆也总是摸摸我的小脑瓜，说：

"好，我等着，你真能干！"听到这话，我心里无比的自豪。那是种苹果种出的童年。

"一闪一闪亮晶晶，满天都是小星星……"记得童年是在学唱歌中度过的。夏天的后院，总是那么可爱，阳光俏皮地钻出树叶的缝隙，投下一片斑驳的光影，知了在院里的树上叫个不停。我站在后院给外婆唱歌，每唱一首，心里都是无比的自豪，外婆总是微笑着倾听。时光流逝，现在每学会一首儿歌曲，最先想到的，就是外婆。那是稚嫩的歌声唱出的童年。

外婆去世后，那套院子也卖给了别人。我多么想再回到那后院，回到那快乐的时光，回到那有外婆的时光，回到那心灵简单的时光……

那只玻璃水杯

赵梦璐

有些东西，本来非常普通，可它却因为一些人，一些事变得无比珍贵。

去年夏天过生日时，朋友送我一只玻璃水杯。好早就想要一个这样的水杯，让妈妈买，可妈妈却说："你水杯那么多，不能再买了。"全然不顾我的感受。我把这当成笑话，向朋友抱怨，当时她只是笑笑，顺便还问我在哪儿看到的。这只是随口一提的小事，很快被我忘得一干二净了。

生日那天，我请了很多要好的朋友。吃过饭，照例的环节是拆礼物，角落里堆着大大小小的精美礼品盒。先拆小的，是一个银手镯，妈妈用心准备的，明白小小的女儿长大了，有了爱美的心思。第二件礼物是小猪佩琪的毛绒玩具，可爱的粉红色，嘟嘟的小嘴。当我打开最后的盒子时，一直期待已久的玻璃水杯出现了：带着两只兔子耳朵，瘦高个，摸在手里滑滑的。盒子里夹着一张粉红色纸条："知道你喜欢这个水杯很久了，买了送给你，礼物不算贵重，但这是我的心意！"落款是：最懂你的朋友。

我瞬间想起只跟她说过这件事情，于是向她投去感激的眼神。我的心突然就温暖了，像一朵花受到阳光的抚慰，突然绽放。这种被人牵挂，被人关心的感觉真好！像一缕春风吹向田野，像一缕朝阳普照大地，像久旱的大地迎来的甘露。你送我的何止是一个水杯。它是一份真心，是一份用心，一份难能可贵的友谊。还是你懂我，这是我们之间粉红色的小秘密。

112

是的，这件礼物不贵重，但它不就是我想要的吗？那些品牌童鞋，贵重衣物，就算再名贵也不是我想要的。用这个水杯喝水时，感觉水都变得甜甜的，好喝极了！

可是好景不长，那天回家，我把水杯放在电脑桌上，妹妹好奇地看着那两只兔子耳朵。一不留神，只听"啪"的一声，我的宝贝摔碎了！我生了很久的闷气，妈妈后来又给我买了一只新的，可再不是从前的那只了。

哦，我的玻璃水杯！

忘不了的情

宋子宁

整理玩具时，翻到了一个玩具小熊，这令我陷入了沉思。

我有一个很疼我的老姥姥，小时候经常在她家玩。有一次，老姥姥出去之后，回来时，手里拿着一个玩具小熊。我看到之后很喜欢，老姥姥就把它送给我了，我很开心。拿到小熊后，我疑惑地发现，上面有些灰土。老姥姥眯着眼睛告诉我：这是她捡来的。

即使这样，我也对这只小熊爱不释手。这是一只黄色的维尼熊，穿着一件绿色的上衣，只是比我的手掌略大一点儿。它是坐着的，手上还捧了颗粉红色的"心"，当把那颗"心"按下去时，它的眼睛就会变换好几种颜色，真是可爱极了！老姥姥总是笑眯眯地看着我，把玩小熊之余，我曾无数次向老姥姥许诺：长大后，我要给爸爸妈妈和老姥姥买大房子住，买大汽车开！老姥姥听后总是摸摸我的头："好，我等着，我们家孩子有出息了。"可我总能感觉到老姥姥眼神中有几丝忧伤。

记忆中的老姥姥是个很健康、很能干的人，姥姥家的活她都抢着干。可是，让我出乎意料的是：老姥姥倒下了。

得知老姥姥生病时，我还在学校上课。到了周末，妈妈才带我去了姥姥家。老姥姥住院了，妈妈正和姥姥说着些什么，可以看得出姥姥憔悴了不少。我打量着屋子：我有多久没来看看我那个曾经和我一起玩耍，那个健康，那个年迈的老姥姥了？一种愧疚感涌上心头。听姥爷说，老姥姥得的是脑血栓，好像在几年之前就犯过一次，不过当时没在意，而且没多长时间就好了，毕竟谁也想不到……

一段时间后，老姥姥回家了，看着床上那个痛苦的老姥姥：鼻子上带着氧气罩，生活不能自理……我心如刀绞。老姥姥，我还没有长大，实现我的诺言，你怎么就倒下了呢！

现在，老姥姥已经去世了，可那只玩具小熊还在，那些我们在一起时快乐的时光将永远存在我的记忆中。

老姥姥，愿您在天堂安好！

微笑，绽放于心头

　　当我抬头看她时，她也在看我，察觉到我的视线后，她给了我一个大大的微笑。我的目光在触及她的微笑的那一刻，内心仿佛被"治愈"了，伤痕仿佛也被抚平了，心情好了不少。

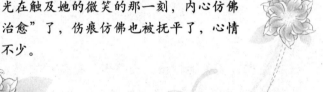

夜空中最亮的星

孙朝阳

静谧的天空，在两条平行线交界处的角落里有一颗璀璨的星，她虽没有给皓大的宇宙锦上添花，但在那些更弱小的星的眸里，它比钻石还璀璨。我的语文老师，她就像那颗星，虽没有月亮的皎洁，但她依然会散发光芒，引我前行。

犹记得，初见她时脸上的笑容，是那样的迷人，似青荷上的露珠，似星月朗照，那么透明和纯净。

有一次，我们上语文课，只听门外传来"哒、哒、哒"清脆的响声，我们知道她来了。便提高嗓门放声朗读，她走进来笑着对我们说："今天怎么这么乖？哦……以后我再也不穿高跟鞋了。"她很机智，我们则低着头窃笑。

当时，我的作文水平很差，又想给老师留个好印象，每次写作文时，便手忙脚乱。此时，老师轻轻地走到我的身旁，侧过身弯下腰，缓缓地拿起我的试卷，一行行仔细读我的作文。我低着头，手心都紧张得出汗了，内心更是忐忑不安。只听老师满是欣慰地说了一句："写得不错，这处描写太生动了，写完后送到我的办公室。"我顿时感觉一股暖流涌上心头，我那颗紧张的心才慢慢平静下来，拿起笔，继续我的创作。

我写完作文去找老师批改的时候，办公桌上有整整三大摞卷子等她批，她的笔尖不曾停息。看到我，她急忙放下笔，热情地招呼我过去。她读了我的作文，对我说："整体感觉还不错，你能够用非常清晰的思路把想要记叙的事件描写得具体，这几处应该……"老师耐心地为我讲解，还告诉我应该怎么去修改，她的眼里满是希望。

深夜，在她桌子上的那盏灯，彻夜明亮……

在深邃的宇宙中永远闪耀着一颗星，她胜过月亮，胜过所有的明星。

坏 孩 子

张佳惠

如果没有遇见她，或许我还不会有什么改变，或许已经不可救药了。但，幸运的是我遇到了她——世界上最美的老师。

在此之前我是坏孩子的代名词：调皮、捣蛋、叛逆、成绩差……没有哪个老师愿意搭理我，我也没有什么真正的朋友，我是他们避之不及的"瘟神"。直到五年级，我遇到了生命中最重要的一位老师。

她就是董老师。

她教我那一年刚刚大学毕业，身材高挑，长发披肩，长得就像电影明星似的，我以前可从没见过这么漂亮的老师。还记得第一次见董老师时的情景，白色短袖衬衫配蓝色牛仔裤，把同学们惊得目瞪口呆。最妙的是董老师说话的声音，温柔动听却一点儿都不做作，清脆响亮却一点儿都不刺耳。不知道是董老师的美貌，还是董老师的声音感化了我，我突然觉得自己有了一种想做好孩子的冲动。然而冲动终归是冲动，"江山易改禀性难移"，没过多久我就原形毕露了。上课不听讲，把同学的书藏起来，弄丢同学的作业……我的"拿手好戏"一个个都使了出来。然而让我感到意外的是，董老师并没有像以前的任何一位老师那样惩罚我。

记得那一次，我把我们班最娇气的女生马晓苏的辫子剪下了一截，把马晓苏的妈妈气得都找到学校来了，并要求董老师一定得严肃处理我。不知董老师顶住了多大压力，费了多大力气才把这件事情"大事化小，小事化了"。我是见过马晓苏妈妈那种得理不饶人的作风的。董老师把马晓苏妈妈打发走之后，把我叫到办公室，当时把我吓得腿都站不稳了，我不知道她会怎么处罚我，就静静地等待着"暴风雨"的来临。可是我万万没想到的是，她轻轻地把我拉到她跟前，眼睛温柔地看着我。

"没事了，马晓苏妈妈已经走了。"她嘴角带着微笑对我说，"老师有个问题想问你，你能真诚地回答我吗？"

我使劲儿地点了点头，长这么大毕竟还没有哪个老师这样护着我呢，我愿意真诚地回答董老师的一切问题。

"那你能告诉我这样做的原因吗？"董老师语气依然温柔。

于是我就第一次把埋藏在自己内心的阴暗的想法毫无遮掩地告诉了她，我想或许她会鄙夷，会惊讶：这孩子怎么这么坏呢！

可是董老师却很郑重地告诉我："佳惠，你不是坏孩子，老师喜欢你的心地善良、聪明伶俐，但是你得改掉你喜欢搞恶作剧的行为，行吗？"

"行！"我坚定地回答。那时我想我一定要让董老师知道，她没有看错我，我不但不是一个坏孩子，而且还会是一个好孩子呢！

为了实现我给董老师的诺言，为了证明董老师没有看错我，接下

来我就以我们班最好孩子的标准要求自己，不管哪个方面我都要认真做到最好。终于，功夫不负有心人，我真的变了，期中考试时我从差生一跃成为中等生。

董老师在表彰大会上特意给我发了一张大奖状，并当着全班所有的学生高兴地说："我说过嘛，你不是一个坏孩子，你会更棒的，加油！"

那一刻，我的眼泪忍住不流了下来，我知道那是幸福的泪水！

而今我成了一名名副其实的好学生，我深深地知道这个"好"里面有着董老师无限真挚的爱，也有着我内心深处的深深的感激。

教师节又到了，我想对董老师说一声："老师，谢谢您！"

下次，你会做得更好

张雨群

四年级的时候我学习不是很好，每节课我都打瞌睡，老师也经常点我的名字，我想：老师怎么专门跟我作对呀，我还是能躲就躲吧。

进入新班级，我们换了一个数学老师，她一头乌黑的长发，犹如瀑布一般，明亮而又温柔的眼睛，好像一眼就能看到你的内心深处。我从心底里喜欢她。在她的课堂上，同学们都把手举得高高的，非常响亮地回答问题。她总是开心地表扬我们说："你们是我见过的最优秀的学生。"还记得那次，老师提问了一个问题，我想回答，却有些

微笑，绽放于心头

胆怯。一抬头。老师的目光正朝我看来，饱含期待。我战战兢兢地站起来，结结巴巴地回答了老师的问题。虽然没有错误，但我胆小怕事的样子引起了全班同学的哄堂大笑。

老师面向全班，把食指放在嘴边："嘘，雨群同学已经做对了，只是还有点儿紧张，我们再请她说一遍好不好？"

同学们停止了笑声，把目光转移到我的身上。我抬起头，迎接着老师鼓励的目光，她好像在说："雨群，加油，你一定能做好。"在她的引领下，我终于流畅地说出了正确答案，班内响起了热情的掌声。我抬起头，看到她的脸上露出了灿烂的笑容。

下课后，老师问我为什么上课总是低着头，还告诉我："以后在课堂上不要低头了，大胆一些，你能做得很好。有什么烦恼尽管来找我，相信下次你会做得更好！"

自此，我课堂上坐得端端正正的，一字不落地听老师讲课，有时我也会举手，老师定会给我锻炼的机会，总是鼓励我说："嗯，不错，下次你会做得更好！"

120

每当我遇到困难，想要退缩的时候，每当我感到劳累，想要偷懒的时候，眼前就会浮现出老师那期待的眼神，耳边就会响起老师那鼓励的话语，"下次，你会做得更好"。

师恩永难忘

李向彤

在我的印象里，我的第一个班主任，他现在应该五十四岁了吧，每天都穿着休闲装，还真是没见他打扮过自己。他从一年级开始就一直是我们的数学老师兼班主任，温和但不失严肃，严肃又不失幽默，在我心中这可以说是一个完美的老师了。

身为班主任的他……哎，真是让人对他爱不起来啊！铁面无私、严格、冷若冰霜……这些都是一年级时我们能想到的形容我们班主任的词，当时觉得，自己在这个班里真是太悲哀了！

但身为数学老师的他，却又让我们不由自主地都想向他靠拢……

每次他上课，他都是先要讲大半节课的大道理，讲完这些后才开始进入课堂正题。他上课总爱开玩笑，就算下课再想起老师开的玩笑也能笑得肚子疼，他的讲课速度很快，但不知怎的，就算快我们也都能跟得上，并且成绩噌噌噌地往上蹿，这也是我对他刮目相看的一个重要原因。

老师就像一个双面人，班级管理中"冷若冰霜"，课堂上却又"风华绝代"，这令幼小的我们又爱又怕。现在回想起来，心中只剩满满的怀念和温暖。

老师，今天我去拜访您的时候，您又苍老了许多，额头上的皱纹

微笑，绽放于心头

又比以前多了几条，这次的见面和在学校里是您学生的时候的见面不一样了，我们互相当作老朋友，谈论学习，谈论琐事，仿佛相差三十多岁的知己一样，无话不谈，不拘束，不害怕。

"一日为师，终身为父"，感谢生命中有您，我的老师！

老去的槐花树

孙子琰

说起花，路边的野花，温室里的玫瑰，秀丽的百合，这些总是被人们所喜爱。而我最钟情的只有槐花。

小时候，总是喜欢住在奶奶家。奶奶家院子里有一棵硕大的槐花树。寒冷的冬天，它很不起眼，就只有那光秃秃的树枝孤零零地立在院落里。然而到了春天，槐树可就脱胎换骨了。

每当槐花盛开，我总会和奶奶一起打槐花。打槐花可是技术活，奶奶是高手，轻轻一抬手一簇簇槐花翩然落地，我则只能用杆子乱打，不过我很喜欢在树下淋"槐花雨"。

打下槐花，就没我什么事了，我就坐等着吃。吃什么？当然是奶奶的拿手绝活——槐花饼。奶奶有一双妙手，总是办到我意想不到的事情。她能把槐花饼做成月饼般模样。虽然外形没有市上卖的那样标致，不过味道那是真好。我每次都狼吞虎咽地大吃一番，直到肚子吃得圆圆鼓鼓的才肯罢休。临走前，奶奶总是会将一大盘新鲜出炉的槐花饼塞到我怀里，让我带回家留着慢慢吃。碰到有人来奶奶家串门，奶奶总让我拿给别人尝尝。即使心里有些舍不得，我也会照办，因为奶奶经常教育我：好东西要分享！

现在每看到槐花，眼前总会浮现儿时的欢乐场面。那时的奶奶还是那样的健康，对我还是那样的疼爱。许多年过去了，我长大了。奶奶却已经逝去，

现在，我也会让妈妈到外边去买槐花饼，可再好吃也没有了儿时的味道，更重要的是缺少了奶奶的疼爱。

奶奶门前的那棵槐花树，我有时会想它去哪儿了，可能和奶奶一样都老去了……

有那么一棵树

赵紫薇

123

有那么一棵树，高大挺拔；有那么一棵树，绿荫如盖；有那么一棵树，满是沧桑的印记。

夕阳下，那树高大挺拔。

幼儿园门口，一个小小的人儿正在皱着眉头焦急地转着圈，好像在等什么人。一旁的老师也在着急地打电话。过了好一会儿，那小孩儿眼睛一亮，往前奔去。只见一个高大的身影从前方走来，逆着光，影子拖得很长很长。他见那小人儿朝他跑过去，连忙弯下腰把她抱起，那小孩儿双眼亮晶晶的，里面透着欢喜。从那时起那个像树一样高大挺拔的身影刻进了她的心中。

微笑，绽放于心头

夏日里，那树绿荫如盖。

又到了炎炎夏日，我百无聊赖地吹着空调看电视。窗外的知了声嘶力竭地叫着，树叶也无精打采地垂着，人们无力地拖着脚步慢慢地走着，一切的一切好像都在诉说自己的酷热难当。视线被远处的身影吸引，那是爸爸，他正在快步往回赶。我猜是怕我饿了急着回家做饭吧。果不其然，爸爸一进门就问我饿了没，见我点头，他忙转身就进了厨房忙碌起来。我看着那被汗水打湿的后背忙去给爸爸抱了个大西瓜，想切开却不小心割到了手。爸爸在家找不到创可贴就又出去到药店买。看着那汗淋淋的背影，我的视线渐渐模糊了起来，不知是泪水还是汗水。在这炎炎夏日里，父亲为我东奔西跑。那被汗水打湿的身影，就像一棵浓荫如盖的树，为我撑起一片阴凉。

冷风里，那树充满沧桑。

有一年冬天放寒假时，爸爸为我报了辅导班，我不想上，因此我们就对峙了起来。可爸爸毫不让步，我夺门而出。刺骨的寒风使我清醒了过来，爸爸也是为我好啊！我漫无目的地在街上游走，想着怎样让爸爸原谅我。忽然，一个熟悉的身影闯入视线，他手里拿的，是我的外套。我不禁愧疚起来。爸爸那布满沧桑的脸上有些焦急，走近对我说："把外套穿上，咱们回家吧，你不想上就不上了。"忍了好久的泪终于在这一刻落下。爸爸，我该说什么才好，我要怎么报答您的爱啊。是什么时候爸爸的身影不再像年轻时那样挺拔了呢？那树又是什么时候布满沧桑的？

有那么一棵树，无论树高大挺拔，绿荫如盖，还是满身疲惫，充满沧桑，都掩饰不了对我深沉的爱！

有那么一棵树

张瑞雪

有那么一棵树一直停留在我记忆的深处。风吹不倒，雨打不怕。它郁郁葱葱，粗壮的枝干上长满了新叶；它香飘四溢，鲜艳美丽的花散发着阵阵清香；它果实累累，硕大的果实使人口水直流。

窗前的杏树年复一年地开花结果。听奶奶说这是在我出生的前一年她从姨姥姥家带来的小树苗，随手就把它种在了窗下。头一年小杏树并没有长很多，等我出生的那一年小杏树像疯了一样猛蹿。奶奶认为我与小杏树有缘，便对它呵护有加。

每每放学回家都会看到奶奶在细心打理杏树。我心里就像打翻了醋坛子似的酸溜溜的。于是，我二话不说地走到杏树旁，直直地站在那里，双眼盯着奶奶的一举一动。而奶奶并没有理我，这更加使我不能忍受。于是我便噘着嘴用脚踢杏树周围的土块，土块飞到杏树身上又反弹回来砸到我的脚上。奶奶只是在一旁轻轻地笑了笑，而自己却又急又气不知道该如何是好。于是便耍赖坐在地上不起来，嘴里还嘟囔着"奶奶不要我了，奶奶不要我了……"而奶奶也只是笑笑又去修理杏树了。我从地上爬起来，拍拍身上的泥土，走到杏树旁，将它从上到下仔细打量了一番，天真地问它："究竟你给奶奶施展了什么魔法？才让她对你的爱超过了我！"

125

微笑，绽放于心头

杏树和我一样都一年又一年地长大，它的枝干笔直地向四周舒展，越发结实。每年它都开满整树的花，浓绿的枝叶里，粉扑扑的花显得格外抢眼，散发的香气围绕着周围的人家，久久不能散去。开花后又结出香甜的果实，硕大的果实压得枝条往下垂。杏的果皮橙中透红吹弹可破，果实又软又甜，咬一口绵软但水分依旧充足，实在让人忍不住再尝两口。

杏树的一切全由奶奶打理。那一年奶奶突然生病无法再照顾杏树了。我知道杏树是奶奶十几年来的心血，于是便自己接手了打理杏树的这个任务。奶奶用她那长满老茧的宽大的手掌轻轻地抚摸着我的脸颊，连连夸我懂事。可我毕竟不如奶奶细心，没有了奶奶的悉心照料，它慢慢褪去了原本的葱茂，树叶散落了一地，再也没有以前的潇洒。奶奶也只是透过窗户，望着夕阳下孤独而苍老的它，连声叹气……

126

奶奶走的那一年，我带着无限的痛苦与怀念搬离了原来的家。有一次回老家，窗下只剩了一个巨大的树桩。听乡邻说，就在奶奶走的那一年里，它没有和往常一样开出飘香的花更没有结出可口的果实，只是光秃秃地站在那里，孤独，落寞。那天晚上风雨交加狂风怒号，他们只听到"轰"的一声，等早上醒来时那棵杏树已经倒在院子里了。枝叶散落了一地，在空中随风飞旋。

杏树孤傲地立在那里十几年，而现在它跟着奶奶走了。我与他们之间的往事就仅仅成了回忆，恍如昨日。

有那么一棵树，一直矗立在我脑海的深处，随风飘浮……

寻　迹

吕宏越

　　来到郊外，我一直在寻找着，不停地寻找着……

　　我在寻找什么？是什么让我如此执着地寻找？不是宝藏，我在寻找那样一棵树。

　　妈妈说，那棵树的旁边有一条小河，虽然水量不大，但小时候她和舅舅都能玩得很开心。小鱼会在河底打旋，水草中总藏着几只小虾，河床的石头五颜六色，上面有着斑驳的花纹，但一拿出水就奇怪地都不见了。那棵树就在岸边，穿着新衣服的孩子们，与水中的景象构成一幅色彩斑斓、美妙绝伦的画。那里是孩子们的天堂，他们会折下嫩枝，做成小笛，带着鱼虾，伴着笛声回到家中。

127

　　爸爸说那棵树在一个小山上，那里满山遍野都是花朵，四周都充满着花香，"它"在那儿像一个卫士，守护着鲜花们。"它"单调的颜色似乎与周围环境格格不入，却又与花儿们完美地契合，孩子们在那里就像到了乐园，三三两两结伴前去，回来时，都是手上拿几朵，头上插几朵。

　　路过一个臭水沟时，我的心情糟糕起来，里面的农药瓶、鱼虾的尸体和黝黑的淤泥散发出难掩的臭味，旁边还有几棵树，光秃秃的枝干奇形怪状地扭曲着，仿佛在呻吟着，痛苦着，号叫着，求救着……

微笑，绽放于心头

坐在一个小土丘上，旁边有一个大木桩，上面长满了色彩鲜艳的蘑菇，这也算是这死气沉沉的环境中的一抹亮色吧！

看来今天是找不到那棵树了，不过我会记得曾经有那么一棵树，它的周围有清澈的溪流，鱼儿和小虾在水里嬉戏，耳中充满了孩子们的笑声；曾经有那么一棵树，它的周围充满了花香，鸟儿和蝴蝶在空中舞蹈，眼前满是孩子们的身影；曾经有那么一棵树……

倾城时光

宋鑫杰

初冬的风带着丝丝寒意，我坐在小院里，桌子上的书被风吹得哗啦啦地响，站起来，眺望着远方，似是在看那湛蓝的天空，又似在看那郁葱的树林，但我所注意到的，却是那好似被风吹卷而来的白云，在这微凉的风中越发地清新而朦胧。望着那云，思绪变得纷乱，记忆又把我带回到了从前我们一起的日子。

记得我们三人相遇的日子，阳光明媚。开学第一天，我努力从校门口拥挤的人群里挤进去，似命运的缘分，"咚"的一声，我撞上了你，紫。

"哎呀，挤什么挤呀，都让我撞人了。"一句抱怨的话语，一道清脆的声音，我望向对面的你，你摸摸头，微笑着说："对不起呀，人实在太多了。"你的笑容灿烂而明媚，让我无法拒绝，随后便匆匆走了，我并不善交际，只当是一个偶然。

　　走到新教室，随意地扫了一眼教室中的新同学，猛地，停在了一处，你正坐在那里，我的眼中带着欣喜快步走过去，在你的眼中也看到了同样的欣喜。你我的缘分与友谊便从这里开始了。

　　同一天，在宿舍里，你我一起结识了冰，冰不是一个多话的人，但我们三个在一起却聊得很开心，似老朋友般，"咯咯"的笑声不断地传出，没有任何生疏。

　　从此，我们三人便成了亦友亦师的朋友。我们一起做游戏，我吐槽你们不懂变通，你们吐槽我是个鬼丫头，相互争论不休，并不恼，最后吵着吵着反而一起笑了。

　　凉风吹过我的脸庞，将我的思绪带回，一抹轻笑，想起如今已经分离的我们，不觉染上了淡淡的忧伤。拿起桌上的旧笔记本，看着上面的清晰字迹，思绪再度飞扬。

　　你们可还记得淡紫色的笔记本，这载着我们三人美好记忆的笔记本。三人不同的笔迹如不同的天使般却将我们带到了相同的奇妙世界。从此快乐与欣喜在这里变成了三倍，忧愁与烦恼也在这里变得如烟般轻淡，忧伤、欢乐在这里交织，将我们的心系在一起，贴得更近了。

　　你们是我的知己，如高山流水般；亦是我的好老师。

　　一次期中考试，我的成绩出奇地好，同学们纷纷跑来祝贺我，大家你一言我一语，说得我心里不觉飘飘然，自认为很了不起，我一脸骄傲地告诉你们我的成绩，你们没有过多的表情，也没有像往常般笑着调侃我，神情中带着淡淡的担心。看着你们的神情，我自私地觉得你们是在嫉妒我，我生气地坐回座位。你们也没有拦我，就静静地坐在那儿。

　　自习课，想起白天的场景，不禁觉得我们的友谊这般不可靠，我有些气恼地翻开笔记本，翻看之前的对话，觉得如此虚假，再往后翻，上面加了两行新的笔迹：

微笑，绽放于心头

"愿你戒骄戒躁，脚踏实地。"是紫的笔迹！

"希望你切勿心高气傲，认清自己，勿忘本心。"是冰的心声！

看着她们的话，我不禁心颤，是呀！我这是怎么了，我怎么忽略了白天她们脸上的担忧呢？想到这，我不禁羞愧难当，是我的心眼儿太小了，是我骄傲了。我忙拿起笔，在那两行字下面郑重地写道："对不起，是我错怪你们了。"并悄悄地放到紫的旁边，紫看到只是开心地冲我笑笑，并把笔记本递给了冰，并没有说什么。前面的冰看了，挥手写下："你能听进去，真开心。"就这样一个看似简单的过程，三人的误会就烟消云散了，那种感觉，真好。

我们是朋友，是旗鼓相当的对手，我们一起努力，一起向前，同时也暗自较劲。

但分离却那样快地到来。

望着小院外渐西的太阳，那柔和的光芒。那日分离的场景又浮现在眼前。

那年，分离那天，我们三人，又一次一起坐在操场上，坐在夕阳下。三人仰望着夕阳，没有说话，就静静看着。我们都不是恋旧的人，但分离，却总是会令人感到忧伤。

"没关系，分了好，不是说分离是为了更好地相聚吗？"紫大笑着说，但你若细看，会发现她眼底的不舍。

"是呀，我巴不得离你们两个远点儿呢。"冰也朗声接道。

我也站起来说："我也想离你们远点儿呢，再说了，以我们的关系，就算是分了也照是'铁哥们儿'"说到这里，我们一起笑了，离别的氛围被冲淡，我们把对彼此的留恋，深深地埋在自己的心里。

我们曾经相约：一起努力，将来再次相遇，我们还要一决高下。

往事如烟，令人措手不及，只留下空气中那缕淡淡的幽香。

你，我，她一起的日子再也回不来了。但我们曾经的相约，却永远算数。

感谢命运，让我们相遇，让我拥有与你们相伴的倾城时光。

那 抹 蓝

赵梦月

年华终究会羽化为华丽的燕尾蝶，在时间里洒下耀眼的磷粉。

——题记

推开门，映入眼帘的仍是那把陈旧的蓝色兔耳朵伞。伞已有些年头了，伞面已经被雨水侵蚀得黯了色，伞柄的镶漆也渐渐脱落了下来。只是，我却还能清楚地记得，那天，那抹蓝下的欢声和笑语。

那是一个阴雨天，我坐在教室的板凳上。狂风不停地席卷着树木，枝条抑制不了风的欲望，不停地抽打着窗玻璃。教室外的天阴沉沉的，发出狰狞的吼叫。雨水顺着屋檐滑落，落到窗玻璃上，发出"啪嗒啪嗒"的呻吟声。我也跟着忐忑不安起来，哪儿还有什么心思上课？我不停地问自己："雨下这么大，一定不会有人来接我了吧？"

终于，还是下课了，我又该怎么回家呢？校车一路疾驶，湿漉漉的车轮将地面上的雨水再次卷起，扔掷在车窗上。骨子里不禁泛起一阵寒意，我不禁打了个哆嗦。

突然，雨幕的那边出现了一抹幽蓝色，天阴沉着，衬着那抹蓝却

微笑，绽放于心头

还是很配调儿，似乎预示着什么，使我莫名地欣喜起来……

果不其然，一个刹车，到站。我匆匆跳下车，迎面而来的正是那抹蓝，我有些抑制不住情绪的喷涌，却还是想竭力掩饰内心的波涛："喂，你怎么过来了，不在家看你的偶像剧了？"

她还是一脸贼兮兮的样子："你开什么玩笑呢，今天雨下这么大，朕亲自摆驾来接你，还不快谢主隆恩啊，嗯？"

"是，臣谢主隆恩！"

"啊哈哈……"我们一起笑出了声。

我们走在雨中的小路上。路上往日的繁华都沉寂在雨幕里，只剩下同撑一把伞在天空下悠然漫步的我和你。我突发奇想逗她："哎，你看，那边是什么啊？"趁她回头的功夫，我眼疾手快地抢走了她手中的伞，向前方冲去，随即她暴露在了雨中，气急败坏的她冲我扑过来，口中大叫着："等等我……"

雨幕下，只有跳跃着的足迹和水面上渐渐散开的圈圈涟漪，两个奔跑的女孩儿，还有那抹牵人心弦的蓝。

132

或许，那天已成陈年旧事，我们当然也不会再回到那段单纯得有点儿傻的日子。或许，学业愈加繁重，我们不再有闲暇的时光在一起。但，我们初心未改。我仍会记得那天笑得明朗的你，小时候与你一起看过的繁花，还有今天摆在书橱重要位置的那把蓝色的伞。

微笑，绽放于心头

刘宇萱

> 真是好看的笑容，温柔地，轻轻地抚慰了我内心之中的焦急，让我原本烦躁无比的心情放松了不少。
>
> ——题记

每个人的生活中，总有那么一个人。他，或者她，做事利索，个性阳光，是你前进道路上的榜样，也是你心目中最敬佩的人。我的生活中就有这么一个人，她在日常生活中，处处引导着我，在我学习道路上时时牵引着我。

她有着不长不短的头发，乌溜溜的眼睛，好看的笑容。当时的我因为找不到教室而手忙脚乱，在情急之下叫住了她："同学！"

她回过头来，冲我友善地微笑，说了句："怎么了？"

真是好看的笑容，温柔地，轻轻地抚慰了我内心之中的焦急，让我原本烦躁无比的心情放松了不少。

"那个……九班怎么走？"我不好意思地挠头，轻声问道。

"我也是九班的，我带你去吧！"她不在意我的窘态，拉着我的手就向前跑去。

这是我和她的初遇，她用一个笑容打动了我的心。

再后来的相处中，我发现，我和她有着许许多多的共同点。什么爱读书，学习习惯等等，这大概也是我们成了彼此最好的朋友的缘故吧。

她是很善解人意的人。有一次，我考得极其差劲儿，班主任把我叫去谈了话，回来后我的情绪一直低迷。她看见我这样，拍了拍我的肩，小声地在我耳边轻轻地说了句："没关系，没关系，还有下次呢。"当我抬头看她时，她也在看我，察觉到我的视线后，她给了我一个大大的微笑。我的目光在触及她的微笑的那一刻，内心仿佛被"治愈"了，伤痕仿佛也被抚平了，心情好了不少。

但她也会在我骄傲自满时给予我"提醒"。在某次考试后，我的成绩在全校都是数一数二的，所以，我的内心有些小骄傲。当我把这个好消息告诉她后，她却一点儿向我祝贺的意思也没有，只是淡淡地瞅了一眼，说了句："还不够好。"

为此，我和她闹了一阵子脾气。在下次见面时，她叹了口气："良药苦口利于病，我这是忠言逆耳利于行。"

霎时间，我明白了她的良苦用心。而后，我们之间的关系愈加地亲密了。

而今的我忙碌于学习，奔波于宿舍学校两点一线，极少看见她了。偶尔看见，聊天也聊不多长时间。但她的告诫，她的微笑，她的举止已经在我心中留下了不可磨灭的印记。她的微笑，还时时绽放于我的心头。

留　香

罗慧芳

　　厨房里，烟雾缭绕，热气腾腾。锅里的水"咕嘟咕嘟"，唱着欢快的歌。这景象，我一猜就知道妈妈正在煮水饺！

　　饺子，对大多数人来说再平常不过了，但是对我来说却是难得的佳肴。逢年过节是我最有口福的时候，妈妈会亲手为我做最爱吃的饺子。提前好几天，妈妈就在做准备：挑白菜，买猪肉，推面……

　　我们家包饺子是"盛事"，全家总动员。我负责擀饺子皮，妈妈是主力，爸爸打下手。你看我，抓一个小面团，轻轻一按，面团圆滚滚的，我握住面团一角，左手匀速转动，右手推动擀面杖，面团像一把小伞，缓缓绽放。我擀饺子皮既快又娴熟。

　　妈妈包饺子更是一绝：看不清诀窍，两手神秘地一捏，饺子就"出生"了。我总想学得妈妈的手艺，趁妈妈不注意，我偷偷地拿了一张饺子皮，"饺子好吃，就得多放点儿馅儿。"我心想，便用大勺子捞了满满一勺馅，双手使劲儿一捏，嘴里嘟囔："呵，饺子终于要在我的手中诞生啦！"咦？怎么回事？它就像一个吃得太多，撑饱肚子的小熊，和妈妈的一比，简直是天壤之别。

　　不一会儿，妈妈看见了，笑得像朵盛开的牡丹花，她没有生气，认真地告诉我包水饺的门道。我乖乖地学着妈妈的样子，我又练习起来，功夫不负有心人，终于，一个个饺子从我手中诞生了。我欢快地叫着："我成功了！"

饺子包好了，就可以下锅了！水煮开后，把饺子放在水中，，用漏勺不断地搅动，以防粘锅。一个开锅后，再倒入半勺水，继续盖上锅盖煮，两分钟后，一碗香喷喷的饺子就出炉了，浓郁的香味扑鼻而来。"哇！这饺子看上去就有胃口，光溜溜的！"我夹起了一个直接咬了一口，"真好吃！真好吃！"我一口气就吃了一大盘饺子。

啊！那浓郁的饺子香仿佛就在我的鼻尖萦绕，好香呀！是否每个人的心里都会有那么一股难以忘掉的香味，让你时时垂涎，永不忘怀？

为你点赞

王云荣

在我们班里面，有着这样一个身影，他不够高大，却足够伟岸。他是一束光，照亮我们的心。

记得刚开学时，一节体育课后，班级的饮水机旁上演着这样一幕：水桶里面没有水了，可是那些个"肌肉男""大块头"就像故意要看女生出洋相似的，一个个抱胸站立着，脸上挂着似有似无的微笑。柔弱的女生中没有女汉子，眼睁睁看着地上满满的水桶却无力将它送到饮水机上去，默默地忍受着干渴的煎熬。

此时此刻；一个不起眼的身影默默地来到饮水机旁，只见他用力把沉甸甸的水桶抱起，再一咬牙换到右肩上扛起，有些吃力，手背露出交错的青筋，指节泛白，瘦弱的身影在颤抖，他是真的瘦弱。就在此时，水桶已经被他安上，同学们谁也没有在意这些，那些大块头的肌肉男们不屑地回到了座位，为没看到期待中的"好戏"而失望着，更多的人是争先恐后地去接水。

他毫不在意，默默地转身回到座位，等同学们都喝得差不多了，才拿起水杯不慌不忙地去喝水。但他的作为就像一束光照亮了我的心，让我明白，男子汉定当要急人之所急。

就是这件事后，这个小个子男孩儿引起了我的注意，我发现他就像暖阳，不仅我感受到了他的与众不同，原来班里的好多同学都享受到了他的暖光。他的脸上镶嵌着两个酒窝，脸上永远漾着淡淡的笑意。那天，一个同学想家，在班里哭着。我们一点儿办法也没有，而他径直来到这个同学身边，与那个同学不知说了些什么，不一会儿，那名同学竟然破涕为笑了。渐渐地，他成了班上的开心果，所有同学都喜欢和他交流，在他这里你能感受到淡淡的安宁与温暖。

他就像一束光，驱散角落的黑暗，照见人生中的暖和爱。

如果给男子汉下个定义的话，我要说，男子汉啊，你不必高大，却能在关键时刻挺身而出；你不必事事完美，只要真诚，足矣。你是我们班当之无愧的男子汉，为你点赞。

137

我身边的偶像

高圣杰

　　"偶像"这个词，说远是真的离我们很远，或许是明星，或许历史伟人。但如果说近，偶像其实就在我们身边。

　　一缕微风轻轻飘近，喧闹中最安静的她，却轻易点燃了我慢热的心。

　　她积极乐观。在课上，同学们被老师提出的问题搞得晕头转向、抓耳挠腮时，她总是自信满满地第一个举起手，迫不及待地想被老师提问，她的回答更是博得满堂喝彩。在课下，她嘴里往往哼着一首小曲，随着节奏迈着轻快的步伐。晚自习，当看到满满一黑板的作业时，她不会像其他同学一样生气埋怨，而是扬起袖子，铿锵有力地说："作业们，放马过来吧！我跟你们拼了！"转眼着，便投入到学习之中。

　　她好学多问，从三年级到现在数学一直是她打不败的敌人。但是，她不怕，哪怕是在这场战斗中斗得鲜血淋漓也绝不投降。遇到不会的题，她便东问问西问问，向学习好的同学请教，打破砂锅问到底，不弄明白决不罢休。这时，她便成了一位安静的美女子，细心地倾听着解题思路，聚精会神，一丝不苟。在宿舍，十人当中就数她的书最多了。一回到宿舍，便不顾一切尽情地在书海中畅游。她看得

津津有味，有时嘴角上扬，露出迷人的微笑；有时噘起嘴，落下几滴泪；有时狠狠地握紧拳头，愤怒不已。

她乐于助人。无论是自己班还是其他班的同学忘带东西，她总是毫不犹豫地借出去。上次期末测试，我刚要进教室，却突然发现我忘记拿笔袋了。在我心急如焚时，她伸出了援助之手："用我的吧！"我先是一愣，后感激不尽。我的心上一秒还是倾盆大雨，这一秒便是晴空万里。

有这样的同学在身边，真好！在我眼中，在我心中，有她的出现，便有蔚蓝天空。我只想每个瞬间，身边都有她。我愿成为她小小的粉丝，和她一同度过这美好时光。

有你真好

崔艺萌

心弦上不逝的风景，是你那奶声奶气的哭喊，是你那幸灾乐祸的笑脸，是你那天真幼稚的恶作剧……

六岁，一个被亲人呵护和关怀的年纪，突如其来的你，却让我的一切都发生了翻天覆地的变化。

初见时，你躺在妈妈的怀里熟睡。我便被你的样子萌化了。一头乌黑稀疏的短发，一双"若隐若现"的眉，一张红色的小嘴夹在胖乎乎的脸蛋中间。我忍不住伸手去捏，换来的却是你不屑的一瞥和震耳欲聋的哭声。我误以为你那是在讨厌我，于是心中对你有了些许不

微笑，绽放于心头

满。

以后，不管是爸爸妈妈还是爷爷奶奶都整天围着你转，笑着，抱着，逗着。似乎你就像那耀眼的太阳，而我只是宇宙间一颗渺小的星，常常被人忽略。有时心底发出一种声音：如果没有你该有多好，他们的爱将全部是我的。

那年，你两岁，我八岁。

你踩着凳子随意爬上我的书桌，弄乱我的书本，撕毁我的作业，握着我的笔，在墙上乱涂乱画。书本找不到了，作业没了，笔也毁了，你却趴在地上笑，笑得那样开心。我生气极了，恨不得揪过来痛打你一顿。可是，每次放学回家，我拎着笨重的书包，独自一人回家。远远就望见你那兴奋的样子，奶声奶气地喊着"姐姐"，我内心感到一丝温暖：有弟弟也挺好的。

现在的你已成为幼儿园的小学生了，而我则在寄宿制学校上学。相见的时间短了，有了想家的念头，想得最多的不是爸妈，而是家里的你，不知道你在学校是否听老师话，有没有调皮捣蛋；不知道你在家是否按时吃饭，有没有挑食；也不知道你是否想念姐姐。每每念此心中遏制不住对你的想念。每次回家你都会给我惊喜，你会眉飞色舞地给我讲学校趣事，我在一旁津津有味地听着；你会挺着肚子捧着一大包零食给我，我含笑地接过、美美地吃着。香甜从口中滑入心里，心里那些苦恼就烟消云散了。

我们一路打打闹闹地走来，渐渐地从"仇人"变成亲人，从嫉妒对方到想念对方。我想：我们平常的拌嘴，争吵，都如一个个跳动的音符，回忆串联，汇成一首激荡心灵的交响曲。

你是我的太阳

刘鸣蕊

如果说你是海上的烟火，我是浪花的泡沫，某一刻你的光照亮了我。

——题记

那天爸爸答应我要来开家长会，我兴奋不已。我和杰就这样等在走廊里，仰望天空那慵懒的浮云，似乎活泼起来。在暖风的追逐下，逐渐聚拢起来。阳光透过干枯的枫树洒下斑驳的树影，映在地上。映着我等待的目光。

家长们陆陆续续地走进教室，教室里立刻沸腾起来。四周的人群仿佛都开始躁动，空气中有着不安分的因素。我的呼吸逐渐加快，心乱如麻。爸爸还没有到，我看了看表，还有五分钟。怎么办？怎么办？我拿着手表站在走廊里，不住地望向走廊尽头，真希望在下一眼就能看到那熟悉的身影。

"没事，没事，可能是路上堵车了，等等吧。"

杰拍了拍我的肩膀，那钻石般的双眸，向我调皮地眨了两下，又吐了吐舌头，戳了戳我的脸神秘地说："别着急，你爸爸不会来晚的。如果你闭上眼睛，我给你讲个笑话，就很快会到的。"

微笑，绽放于心头

我只好点点头，微微闭上眼。我看见杰频频向远处张望，又猛地回头："不许睁眼。"我沮丧地摇摇头。好像这样就能够将所有的烦恼抛到九霄云外似的。

奈何，忧愁如链，将我层层紧锁。杰却哼起了歌"时光慢些吧，不要再让你变老了……"这首歌叫什么来着？我好像忘了。

终于让我逮住你不会的，心中窃喜，脱口而出"父亲"。

"唉，好女儿。"杰捂着嘴笑得前俯后仰。我这才恍然大悟上了杰的当。"哼！骗我，看我怎么收拾你！"我们两个扭成了一团。看窗外，冬日的阳光虽慵懒了点儿，但也不乏和煦，透过萧疏的枝丫默默映照在我身上。一点点明净的蛋黄，宛若一袭水粉纱衣。我的心也明亮了起来。

说不定妈妈会来呢！我猜测着。眼前的冬景有了春意。杰的话使我有了小小感触。上一秒，我的心还是倾盆大雨，这一秒我的心就因杰晴空万里。

142

突然，一个熟悉的身影映入眼帘，哦，是妈妈。我激动地跳了起来。杰孩子气的笑脸，无声中就透着几分可爱腼腆。

生活中难免会遇到一些事让你焦躁，影响你的心情。这时需要我们放慢脚步和心情从容、淡定地审视所处环境和所遇到的问题，寻求切实可行的解决方法。若这时身边有一个这样体贴的朋友陪伴着你，你就是幸福的。

你是我的太阳，温暖我的心灵，有你在，再多的灰暗，也会变得光明。

荷塘，清风，你的笑

陈浩冉

七月的风，是安静的，柔和的。荷塘里，鱼儿追逐嬉戏，岸上的人儿，眉眼盈盈，正值年少。一切都是那么美好！

记忆中的你，一身藕荷色的衣衫，唇角常常扬着一抹淡淡的笑容，眉眼弯弯，笑容盈盈。还记得我俩相逢的那天，在一个有些燥热的下午，你的笑，从此深深地印在我的脑海里。

那天，我和几个小伙伴在荷塘边的草地玩耍。微风拂过水面，漾起一圈圈波纹，水面的荷花散发出阵阵的幽香，景色是那么迷人，我们的心情是那么愉悦！我们在林中跑着、笑着、闹着。忽然间，我脚下踩空了，跌进一个大坑。伙伴们见状，连忙跑开去找大人。天色渐渐地暗了，夕阳西下，留下一地余晖。眼见着还没有人来，我的心，慢慢地跌落谷底。眼泪，漫出眼眶。我也曾试过自己爬出来，却因坑壁太滑，跌了下去。没爬出来不说，还把自己弄得脏兮兮的，溅了一身泥土。

忽然，你出现了，一身藕荷色的衣衫随风而动。你伸出手，把我拉了出来，又拿出手帕，把我脏兮兮的脸蛋擦拭干净。你带我去荷塘边，掬一捧清水，给我洗干净脸。清风拂过，你的发丝随风而舞。落日的余晖映衬着你娇俏的脸庞，有一种难言的美。

自此以后，我认识了你。你性格开朗，温柔又乐于助人，认识后不久，你就成了我的知心大姐姐。每逢夏天的傍晚，我总是去那个小荷塘，因为我知道，你总在夏天的傍晚，来荷塘边赏荷。冬天的时候，我去找你，我们俩就在一处空地上堆雪人、打雪仗，好不愉快。

于是冬天的时候，那片空地就成了我们的秘密花园，快乐的天堂。

又是一年的夏天，又是七月。午后的阳光融化在一丝丝暖风里，带着这个季节里少见的清爽，清风拂过藕荷色的轻纱，扑面而来的恬淡清香。我俩坐在荷塘边，你说，想一直过这样无忧无虑的日子。

后来，我再去找你，却听说你搬家了。那天傍晚，我坐在荷塘边，盯着水面倒映的残阳发呆。荷花的清香闯入鼻翼，我抬头，一枝白色莲花映入眼帘。莲花被落日的余晖照着。花瓣竟有些发红，美得惊魂。看到这片荷塘，就像看见你一样。

此后，我每日傍晚都去荷塘，寻求精神宽慰。只是好景不长，那片荷塘，被填掉了。后来，我也很少观荷了。

记忆中，你还是一袭藕荷色的衣衫，眉眼弯弯，笑容盈盈。你坐在荷塘边，冲我微笑。清风袭来，鼻翼间萦绕着的是荷的清香……

夜，触动了我

任梦凡

有人说："白天，是天使的化身；夜，是恶魔的化身。"夜，美

得像夹在格子纸里的一页篇章，寂静、朴素、启人深思。

夜渐渐深了，夜幕就像女孩儿的长裙，缀着星星点点，寂静高雅，雅致静谧，月亮在云中穿梭，不论是圆月还是残月，都让人产生无限的遐想，用最美的姿态来面对夜的寂寞。

我是夜的孩子，我生在夜里，生在狮子座，守护着天狼星。这个巧合让我愈发爱上夜，白天的喧闹压抑得神经快要崩溃，夜会赋予我一种安静的力量，只有一张温暖的床，不刺眼的灯，一本荡气回肠的书，足矣。

记得郭沫若在诗中写夜："月光淡淡，笼罩着村外的松林，白云团团，露出了几点疏星。"在月光暗哑的夜中，提起本子涂鸦自己的未来，等一早醒来时蓝图就在枕边，是多么美好惬意的事；白日里小心谨慎，处处留心已近癫狂，只有拥入夜的怀抱，才能安心地放肆；松下紧绷的马尾，随意地揉乱，不怕被别人笑话，可以自己与自己对话，自己看自己幼稚的手指舞蹈，偶尔摆弄着小镜子，看着里面搞怪的自己，再一次忍俊不禁。这夜拥有朴素的美，在夜里完全惬意，只管享受毛毛熊的柔软。

我还喜欢在夜里打开窗，任风摩挲着我的脸庞，有时高兴还会拿出心爱的MP3放一段古典音乐。吟唱着"君不见黄河之水天上来，奔流到海不复回"的豪情壮志；低吟浅唱着"人有悲欢离合，月有阴晴圆缺，此事古难全，但愿人长久，千里共婵娟"的人生思考；对月亮诉说"我寄愁心与明月，随风直到夜郎西"，然后眯着眼，好像手中有一杯酒，与李太白对酌。景中情，情中景，夜总是将我们引入到一个虚无缥缈的世界，暗藏着生命的哲理与真谛。

有时候，我也会舍不得这夜，想着永远，永远不要天亮。这时我的思绪便像断了线的风筝，飘去很远很远的天际。过去、现在、未来都在脑海中像放电影般闪过，有时会难过，有时会落泪。

夜露滴落，晨风忽起。夜，像一根弦，轻碰着我的心房，让我，无法自拔。

丰收的味道

于新颖

　　微风吹啊！吹来一片欢声笑语，吹来浓浓清香，吹来丰收的味道！

　　秋天的早晨，独自走在乡间小路上。看泛黄的树叶从空中缓缓飘落，犹如一位翩翩起舞的少女的裙摆，成熟的玉米成排成列地随着秋风轻轻摇曳，有时还会露出那引人注目的大金牙。

　　隆隆隆……收割玉米的机器声，从远处缓缓飘来。我与妈妈闻声赶去，矗立在那儿静静地看那玉米被收割。妈妈捡起一个大玉米棒子，感叹道："今年的收成真不错。"幼时的我睁大了眼睛，好奇地问："什么叫收成啊？""收成就是收获的结果呀！也就是说你今天将会吃到嫩嫩的水煮玉米！""耶！"民以食为天，妈妈见收成这么好，不禁抱起我，笑开了颜。

　　回到家中，妈妈给我挑了几个嫩嫩的玉米，剥开皮，摘去穗就放进了锅里。不一会儿，我竖起鼻子，闻着闻着就陷入其中不能自拔。那香味一直萦绕在我鼻翼，直往里钻。又过了一会儿，我就吵着嚷着要吃那个水煮玉米。妈妈受不了，只好把刚煮熟的玉米递给我，我捧着玉米，好像得到了世间至宝。再烫再热我也不放手，也许这就是丰收的味道吧。

玉米太烫不能入口，我只能用好奇的眼光望着它，任口水在嘴里打转儿。闻闻那诱人的气味儿，那淡香中透着爸妈辛苦的汗水。我想到那时爸妈正汗流浃背，顶着太阳，在干活，汗水已浸透他们的衣服。这玉米让我甜了嘴，饱了肚，还美了心。

　　当风儿拂大地，太阳顶在头上，粒粒金黄玉米饱满又诱人。奶奶正拉着晒玉米的家伙什儿，在晒玉米，我静静地看着玉米被翻过来又翻过去，在公路上懒洋洋地睡着了。西家大妈东家奶奶见了都说："你们家的玉米还真大呀，可没少下功夫吧，真勤快！"奶奶听了，侧过头，微微一笑，又立刻进入工作状态，比刚才更起劲儿了！

　　丰收的味道，如一缕阳光，直射人们心田，给予人们前进的动力。

街角那家馄饨店

147

宋子宁

　　人是奇怪的，有些对别人无所谓的事物，于己却珍贵无比且美好得不可思议。

　　走过那熟悉的路口，刻着店名的木板已褪了颜色，店门关着，每每有烦心事，我就会来这里坐一坐……

　　那天，我考试失利，还未从阴影中走出，心情真是失落到了极点。放学回家时，发现有一家馄饨店，就和小伙伴们商量去吃馄饨。她们正好也肚子饿了，于是便同意了。那家店的老板是一个中年男

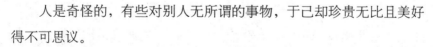

微笑，绽放于心头

子，身材矮小却很胖，看起来很老实，敦厚。那是我对他的初次印象，后来才知道他的视力不太好，腿因为眼睛的原因也受伤了，因此才开了这家店维持生计。

我们在那等着，不一会儿，三碗热腾腾的馄饨就被端了上来。可是因为考试的事情我却突然不想吃了。看我不动筷子，我旁边的人说："快尝尝，很好吃的！"

"我吃不下。"我愁眉苦脸地说。

老板闻声过来问："怎么了，做得不好吃吗？"

"不，不是的。是因为我这次考试考得很差，老师也说这不该是我应有的水平。"说着说着就快哭出来了。他连忙递给我一片纸巾，安慰道："没事的，还有下一次考试呢，虽然没有挽回的余地了，但事实就是这样不是吗？每个人都有失误的时候，你现在还小，到了我这个年纪，就力不从心了。所以只要你有心，就趁现在去做你想做的事情，没问题的。"我黯淡的眼神逐渐亮了起来，大口地吃着眼前的这碗馄饨，皮薄馅多，真的是很好吃。回家后，馄饨的香味一直留在我的味蕾中，更让我难忘的是老板的话："只要你有心，就趁现在去做你想做的事情"。

后来，听说馄饨店要关门了，我去问老板。他说："我也有一个你这么大的女儿，可是她现在得了怪病，我必须带她去外地看病，这家店……"他哽咽了，摇着头做着手中的活。我同情地望着他。突然，他抬起头来，对我说："姑娘，以后不要和第一次见面时那样，为一点儿小事就失掉信心，有缘分的话，再见面我请你吃馄饨。"听着他的话，我的眼中已有泪水在打转，那天我又吃了一碗香香的馄饨，临走时，站在门前许久许久，想让自己记住些什么，记住的越多越好。

如今再和朋友路过那，我总是说："我可能永远都不会吃到像那天一样好吃的馄饨了。"朋友说："不就是一碗馄饨吗，至于吗？"

我望着她，笑了笑……

爱 的 积 淀

石学蕊

爱是点滴的积累，一点一滴，慢慢地珍藏在心底，慢慢地在心底酝酿。

记得八岁那年，爸爸妈妈都忙于工作，于是把我送到了外婆家。外婆对我特别严厉，爸爸妈妈看到满脸鼻涕和泥灰的我，愣是不敢反驳外婆一句。

从此，我便生活在了外婆的"魔爪"之下。从我在外婆家生活开始，我就记得外婆没有给过我好脸色。我常常想，难道外婆一点儿都不爱我吗？我特别想回到父母的身边。

我是在外婆家学的骑自行车，还记得那时，我不小心跌倒了。外婆不但不过来扶我，还对我大吼道："你都把自行车摔坏了。"说完，外婆便三步并作两步地走到我的跟前，生拉硬拽地把我拽起。我像个傀儡一样机械地站起来，心，都哭麻木了。我是多么渴望得到外婆的爱。

又一次遭到外婆的训斥，我没能再忍，鼓起了勇气离家出走。放学后没有回外婆家，而是在大街上漫无目的地走着。走着走着累了，看到一辆废弃的车，书包当枕头，躺下看着天空。不知不觉我便进入了睡梦中。醒来后，我发现我躺在外婆的床上。爸爸妈妈都在，唯独

149

微笑，绽放于心头

不见外婆，母亲声音喑哑地说："你外婆为了找你在半路跌倒，伤到了腿，现在还躺在医院的病床上呢。"

一家人匆忙赶到医院。在外婆的病房门口我犹豫了，内心不知道该怎么样面对外婆，埋怨自己不该莽撞出走，也害怕外婆见了我会生气。我终于鼓足勇气走到外婆的病床前，外婆竟然咧嘴笑着说："你这个臭妮子，咋没被狼叼了去呢！"我看着躺在病床上的外婆，心不禁一阵感动，外婆慢慢地把我拉进她的怀里。看着外婆红红的眼眶，我的泪也流了下来。她就是这样一个刀子嘴豆腐心的人啊！

此后，我面对的还是这样一个"恶"外婆，但渐渐大了，懂事了，我理解了外婆这份严厉的爱。外婆的爱像冬天的暖阳，像黑暗中的一束光，使我躲避寒冷，品尝到幸福的味道。从那一刻，我懂得了外婆的爱，这是温暖而严厉的爱，积淀起来它能激励着我成长！

150

墙角的启迪

刘浩杰

城市里长大的我，特别向往农村。奶奶家在农村，于是我便隔三岔五地跑到奶奶家"度假"。

奶奶家的房子可算是老古董了，青黑色的瓦片，古朴极了。我喜欢一早到奶奶家小院里去读书，那次不经意间的一瞥触动了我。

望向墙角，一只"八脚婆婆"（蜘蛛）正在忙着织它的"布"，她不停地爬来爬去。当她忙个不停，即将织完的时候，一阵大风吹来，把"布"卷走了，她也被卷到墙壁的下面。被吹散的网，在风中飘荡着像乞丐的衣服，最后落在奶奶小院里干枯的石榴树枝上。

我不禁为它感到惋惜：那么辛苦织的网就这样被毁了。我无心再看，失落地"合"上了书，去屋里倒水喝，当我出来时，不承想，那蜘蛛又重新爬到了它的残网上，继续补织起来。这一次与上一次不同，明显的，它的速度减慢了不少，它慢慢地一边吐丝一边织网，这一次的网比上一次稀得多，这便于让风透过去，而不至于再次被风吹落。

蜘蛛在"强风"中一点点地吐丝织网，我也不由自主地帮起了它，我站在风口处，看它织网。不一会儿网便织完了，我走开，当风吹过时，它的网依旧牢固地挂在墙上……

那墙角发生的一幕触动了我：人不也应该学会从失败中吸取教训，在哪儿跌倒就在哪儿爬起来吗？

151

积 累 爱

王海娇

爱是春风轻拂过心头，爱是夏雨流淌在指尖，爱是秋天的果实溢散唇齿，爱是冬天的阳光环绕在身边。它伴我度过一年四季，它陪我走过点滴时光。

微笑，绽放于心头

壮志凌云——家国情怀

对于国家深厚的爱，源于家族传统——看阅兵式。每到那个时候，全家总是早早在电视前等待，翘首期盼。看到一排排斗志昂扬的军人，一列列让人眼花缭乱的新式武器，我的眼睛放射出光彩，我的内心充满了自豪。我一直关注伟大祖国的建设，我真正体会到了我们国家站起来了！不再懦弱，成了真真正正的大国。这是十三亿中国人齐心协力的结果，我愿意为了祖国的伟大复兴努力学习。

无微不至——舐犊情深

父母不太喜欢表达对我的爱，但他们的行动却无时无刻不透露出对我浓厚的爱。自小，我总喜欢蹬被子，他们总是在我睡着的时候，轻手轻脚地帮我盖上被子，防止我着凉。早上，他们比我起得早，又轻轻推门进来帮我掩上被子，在我的水杯里添些许热水，再轻轻地掩上门。每次我早起看到高大的爸爸为了不弄醒我而被迫缩手缩脚的样子，我的心被深深地感动，我为有这么细心的父母而泪流满面。我愿意为了父母的舐犊情深做好自己。

这是我对父母爱的积累。

互帮互助——同学情谊

新学校，新的同学，看着这陌生的一切，我慌乱不已，只好封闭自己不与任何人交流。还记得刚分宿舍的时候，一个冬天晚上，当大家都拿出暖瓶准备接水洗脚，我突然意识到自己没有拿暖瓶，忍不住自责起来：你怎么这么没用，暖瓶都能忘拿，还有一个星期呢，看你

152

怎么熬。我越想越气。正当我的眼泪快要夺眶而出的时候，一只拿着暖瓶的手伸过来，一句温暖人心的话传来："没拿？用我的吧！我的暖瓶大，够我们俩用。""麻烦你了。"我嗫嚅道。她大大咧咧一挥手，"多大点儿事，大家都是同学。"我破涕而笑，之后我不断得到同学们从四面八方涌过来的爱，渐渐开朗起来，交了许多新朋友。那个对我伸出第一只援手的人，也成了我最好的朋友。我感受到了集体的力量，同学心中对彼此的善意。我愿意为了同学的深情厚谊完善自己。

这是我对同学爱的积累。

积少成多，汇成爱的海洋。它是我赛场上不服输的鼓励，它是我学习中最坚强的话语，它是我彷徨时最和善的笑容，它是我在这片土地上最骄傲的勇气！

品味孤独

孙志超

孤独是什么，我在这静寂的夜晚独自坐在窗边深思，一眼望向窗外，在群星点缀的夜空下，万物显得尤为静谧，有月光的陪衬，万物皆如此清寂，内心顿然生出一丝孤寂之感。也许这就是孤独，孤独是一种境界。犹记得，在一个秋风萧瑟的夜晚，因为一些琐事与父母发生了矛盾，自己一气之下，便冲出了家门，坐在了一个偏僻而又不起眼的角落，默默啜泣。此时的我只能与群星相伴，与凉风相拥。父母的呼喊声阵阵传来，在这孤寂的气氛下顿时感觉这声音愈发亲切，泪水不禁从眼眶中顺着脸颊流下，阵阵微风吹过脸颊，几丝凉意轻抚而过，此时深知孤独之感，但自己的倔强始终阻止着我迈出脚步。我不愿独自一人，又不肯主动认错，草木在月光的映衬下更加绿意盎然。我仿佛与周围的环境格格不入，唯独我一人沉浸在自己内心的孤寂之中。我慢慢经受不住一个人的时间消磨，用已浸湿的衣袖再次擦干仍在脸庞上徘徊的泪水，向那阵阵呼喊声跑去。父母什么都没有说，只是伸出双手拥抱我这个没有出息的儿子，似乎这一个拥抱抵消掉了以前所有的不满。月亮此时更大更圆，繁茂的枝叶都在这一刻伸展，温暖的气息向我袭来，我不禁投入其中，无法自拔。

我渐渐想通，没有人可以躲避孤独，也没有人肯投入孤独。一个人的生活自然会不好过，若你真有一颗包容万物、理解万物的心，恐怕你自己一个人也照样活得精彩。一个人走，一个人笑，一个人哭，一个人学习，一个人阅读，一个人生活。一个人不孤独，在一群人中毫无用处才叫孤独，所以失败是常态，唯有拼，全力去博，拼争那最后的心满意足。

历经了十一个春秋，与同学的分分离离，与好友的互倾互诉，与父母的彻夜长谈，与老师的误会重重，何曾不是我一人挑起，在孤独的生活中慢慢地成长，历经重重磨难，我不再担心会孤独。也许和孤独一直存在缘分，这一生尽不完的缘分，既然了悟孤独，为何不与它相伴，自我释怀。

与其在孤独中迷失自我，不如退回来，品味孤独，在孤独中成长。

你是我的阳光

　　初夏晴朗的早晨，你携着阳光而来，我迎着阳光看到了你年轻的容颜。你用明媚的阳光和灿烂的笑容，温暖了整个班级；你用信任驱散了我心中的电闪雷鸣，寻回原本属于我的明媚天空和绚烂太阳；你用阳光般的爱，温暖了每一个学生的心……

那些回忆

李亚轩

　　夕阳西下，天空中余下的最后一抹金黄，勾出了我儿时的回忆⋯⋯

　　儿时最喜欢的，莫过于光着脚丫，背着父母，去河滩上摸鱼。那时，河里的水还是清的。每逢傍晚，我便偷偷地溜出去，去那被夕阳映得金黄的河滩上，脱了鞋袜儿，卷起裤腿儿，一步一步地慢慢地蹚进河里，瞪着黑溜溜的眼珠，使劲儿往河里瞅，巴不得能摸到一条白花花的大鱼呢！有时运气好，真抓了一条，也不敢拿回家，便抛下鞋袜，踩着黄得发亮的小路，把鱼拎到奶奶家去，让奶奶给炖了吃。但这种情况是极少的，通常都是自己一个人提了鞋袜，小偷似的，偷偷摸摸地藏回屋里。但不管我怎么隐蔽都躲不开妈妈的火眼金睛，母亲发现后，总是二话不说扬起手来就要打，我不等母亲的手落下，便又逃出家门去，奔向奶奶家避难，妈妈没了辙，嘟囔一句"熊孩子！"便任我扬长而去。

　　儿时，村子里的夜，总是很热闹。老老小小吃了晚饭，一抹嘴儿，抬起凳子，拿起小扇儿，出门凉快去。我家自然不例外。吃了晚饭，正赶上月的脚步，同家人们坐在那一方小天地里，享受着月光的沐浴，倾听着虫鸣，望着那皎洁的如玉盘似的月，竟也沉醉于其中。

然而我总是闲不住的，便伸了沾满泥土的胖乎乎的小手使劲儿拽着父亲的衣角，哭着喊着要他带我去路上走走，父亲拗不过我，只得听了我。于是，每个有月的夜晚，似乎总能瞧见，一对长短不一的影子，漫步在那条有月光，有树影，有微风的小路上。

夕阳落下的时候，回首过往，我看到那些记忆多彩的剪影如旧胶片般从我的面前匆匆掠过，然后被安置在童年那个温馨的小角落里。儿时的记忆，如帛卷上的墨痕，清晰且带着隐香。

世上没有后悔药

刘光欣

157

每当我看见鸡蛋，就会想起我做过的那件令我后悔的事情。

小时候，我喜欢去姥姥家，因为在姥姥家总能满足我猎奇的心理。这次来姥姥家，我被她家的鸡窝吸引了。

一只老母鸡，雄赳赳地唱着歌去菜园子觅食去了，我逮住机会悄悄地溜进了鸡窝。鸡窝里竟然有一窝鸡蛋，我眼睛直勾勾地盯着这些鸡蛋，突然，一只蛋好像被我盯得害羞了，它微微颤抖了一下，我似乎听见一声微小的"咔嚓"声，鸡蛋出现了一条细缝！我下意识地看了看四周，见母鸡没有回来，松了口气，万一它以为我要伤害它的蛋怎么办？那我不就跳进黄河也洗不清了吗？

我又将注意力放回到鸡蛋上，在我的耐心等待下，鸡蛋居然裂成了两半！从蛋壳里冒出来个"黄色小怪兽"，我好奇地望着它，它全

你是我的阳光

身都是湿的，黄色的毛发，紧闭着双眼，好萌！这应该是鸡宝宝吧！不过，小鸡出生怎么这么困难啊！不如，我来当个接生婆吧！

说做就做，我偷偷地拿来一个小板凳，还特意拿了副塑料手套，带上妈妈的口罩。我小心翼翼地拿起一个鸡蛋，上面居然还有母鸡的余温！我学着妈妈打鸡蛋的样子把鸡蛋轻轻地在砖头上磕了一下，咦，没破？不对啊，妈妈就是这么做的呀！再来一次吧，这一次，我加重了力气，果然，蛋壳裂开了！我沿着这条缝慢慢剥开。瞬间，一股温热的液体从我手中流到了地下，我一愣，这是怎么了，刚刚那个小鸡出生时怎么没有？哎呀，不管了，先看看我"接生"的第一个"新生儿"怎么样。

只见小鸡全身像被大雨淋过似的，虽也是闭着眼睛，但是没有第一个精神，好奇怪。难道这个小鸡天生体质差？

突然，我屁股一痛，我大叫了一声，赶紧回头看罪魁祸首，只见母鸡正气势汹汹地瞪着我。下一刻，母鸡冲向了我，我吓得满院子跑。我的叫喊声很快吸引了很多人，姥姥也闻声赶来，见我这样，立刻冲过来，把我救了出来。见到姥姥，一直忍着的眼泪像是找到了突破口，"哇"的一声哭了出来，满满的委屈在这一刻释放。我委屈地说出了事情原委，姥姥听了哭笑不得，用食指点了一下我的脑袋，说："你这样是不对的，你让小鸡提前出生，小鸡还没有发育成熟，它会死的！"我听后吓了一跳，知道自己做错了，看着自己的双手，上面还有鸡蛋里的不明液体，就是这双手，刚刚害死了一条小生命！让它还没有好好看看这个世界，就⋯⋯

过了几星期，听姥姥说那只小鸡坚强地活了下来！我去看了看，确实，小鸡活了下来，但是其他小鸡活蹦乱跳的，很有活力，而被我动手术的那只小鸡耷拉着头，无精打采的样子，一不小心就会倒下！后悔充斥着我的心，看着这只小鸡，不停地怪自己自作聪明，哎，现在想来真是后悔！

这世上的一切都是未知的，在做事之前，请好好考虑考虑，时间不可能倒流，我们也没有后悔药可以吃。

仙人掌的启示

许苗苗

茫茫无垠，干旱缺水的沙漠中，生长着一株株顽强的仙人掌，它们是沙漠卫士。

我爷爷极爱养花，但他一生只养两种花，一种是光鲜艳丽的玫瑰，一种是不为人知的仙人掌。且尤其钟爱样子丑陋的仙人掌，我真搞不懂这是为什么。

那一次，我终于明白了。

那天，原本晴朗的天，突然刮起几阵凉风，阳光开始忽明忽暗，云像一片飞纱在空中飘浮。一阵大风夹杂着灰尘呼啸而过，随后"轰"的一声雷响，"要下雨了，就要下雨了！"街上的人们开始忙乱起来。天渐渐地暗了下来，天边忽然闪出一条亮得刺眼的白龙，给万物罩上一层银光，眨眼间又不见了。雷公哪会示弱，立马上演了两声"惊天狮吼"，吓得大地娃娃身子抖了又抖，风更是越刮越大。不一会儿，浓浓的乌云如排山倒海的波浪，汹涌着从天边滚滚而来，遮住了半边天。瞬间，耀眼的闪电再次划破天地，尖厉的雷声冲进了风的区域，震撼着大地。"哗啦啦，哗啦啦……"大雨终于来了。

大雨过后，几家欢喜几家忧，且看爷爷的花坛，那些光鲜艳丽的玫瑰花，没能经受住暴雨的考验，弯下了柔嫩的板腰，凋落了香艳的花蕊，垂下了细嫩的枝条；而不为人知的仙人掌不怕暴雨的侵蚀，依然笔直挺拔地矗立在碧蓝的天空下。天晴了，玫瑰花池一片狼藉，仙人掌们似乎更加精神了，它那绿亮得逼你的眼。从此，我也喜欢上了那不起眼的仙人掌。

那仙人掌不也是我年迈的爷爷吗？爷爷老了，一条条"沟壑"是岁月在他脸上烙下的痕迹，满头的银发是时间赠给他的礼物，残留下一两颗牙齿的嘴及那抖得厉害的手是时光给予他的回报。可他仍然精神矍铄，不服老。过门槛时，你若扶他一下，他肯定会生气地拿拐棍打你。他总是说，我们要像仙人掌一样，坚强地面对生活中的磨难。说这话的时候，他总是凝视着我。

我知道，爷爷是希望我做一个像仙人掌一样坚强的人。每当我看到窗边那株仙人掌时，我就会想起我那慈祥可爱的爷爷；每当我想退缩时，仙人掌这股力量便会推动我前进。

160

你 是 谁

宜 佳

告诉我，你究竟是谁？为什么让人猜不透?你还是我认识的那个人吗？

还记得小时候的你吗？不到一岁，妈妈带着你在平坦的路上学走路。你睁大眼睛，盯着新奇的世界，目不转睛。你迫不及待地迈出第一步，却没想到栽了个跟头。于是，你号啕大哭，眼睛里满是委屈。妈妈心疼得微微皱眉，赶紧把你扶起来，抹去你脸上的灰，拭去你眼中的泪，然后抱着你回家。可你却又大哭，不愿离去，在妈妈怀里挣扎，她只好牵着你，继续学走路。

不知怎的，你竟挣脱了她的手，自己颤巍巍地往前走，还偏偏走坑坑洼洼的小路，像喝醉酒似的，险些摔倒。妈妈在那边唤你，你就像没听见似的，头也不回地愈走愈远，最后竟自己学会了走路。妈妈远远地叹了口气，这孩子这么小，脾气怎么这么倔，她的眼里，多了几分惆怅和迷惘。你呢，多了几分坚定和倔强。

你小时候的倔脾气，一直到后来也没能改掉。

你和爸爸因为一点儿小事，大吵了一架。两个人站在昏黄的灯光下，冲着对方怒吼，仿佛要把屋顶揭开。你两眼通红，喉咙喊得生疼，转身夺门而出。爸爸气得头上冒火："你要是出去，就再也别回来了！"却没有得到任何应答。

死气沉沉的乌云笼罩着大地，一声闷雷在你头顶响起，你害怕地躲进一个墙角。暴雨夹杂着狂风而来，你蜷缩着身子，瑟瑟发抖。倾盆大雨浇在你身上，全身湿透，凉意浸满全身。你忽然想回去给爸爸道歉，可是你的自尊心，不允许你先低头，即使那是爸爸。你就这样在雨中踌躇了几十分钟，以至于连最后是怎么回家的都不忘了。

你是不是变了？变得连我都不认识了。可是这么多年过去了，我也终于明白，其实，你并没有变啊。小时候的倔强，长大的偏执，只不过是证明你长大了而已。你还是你，是那个甘为朋友两肋插刀的你，是考试前，全力以赴的你，是最简单的你，是我认识的你，是最好的你。

你的故事没有终点，你的人生还在继续……

你是我的阳光

我的王老师

王熙来

刚上小学一二年级时，我的语文王老师陪我度过了一段令人难忘的时光。

在一节平常的语文课上，我正在写作业，忽然看到一只手握紧拳头伸了过来，伴随着的还有一句温馨的提示："注意胸前的距离。"我抬起头，哦，是王老师！她正笑眯眯地注视着我。瞬间，一股暖流传遍我的全身，我不由自主地挺直了腰杆。以后，我每一次写作业时，总会想起那只温暖的手和那句温馨的话语，仿佛王老师一直站在我的身边，为我纠正错误的姿势。

二年级的一次模拟考试后，我发现有一道造句题错了。怎么办呢？我左想右想，上想下想，绞尽脑汁，还是想不出来。

就在这时，同桌宫佳乐拍了拍我的肩，对我悄悄地说："你抄我的吧。"

"抄袭可不是好习惯。"我有些犹豫不决。

"你稍微改改不就行了吗？比如把'我'改成'他'。"

当我交上作业时，王老师的"火眼金睛"快速看出了我是抄宫佳乐的，脸色一下就严肃了起来："你是抄宫佳乐的吗？你这么优秀的学生怎么能这样做呢？这是偷懒！……"

听了老师严厉的教诲，我惭愧地低下了头，老师教我们这么辛苦、这么认真，我却用抄袭来"报答"老师。唉，看来我还是要再扎实点儿呀！

每次做完试卷后，老师总是让父母过目签字。可有一次，我愣是疏忽大意，把签字的事忘得一干二净。

"把试卷交上，没签的过来。"老师发话了！

登时，我的心里颤抖起来，就像十五个吊桶打水一样：坏了，不会"死于非命"吧，最起码，一场教训是避免不了的了！我和其他人一起默默地战战兢兢地走到老师面前。没想到，老师却说："你们回去想办法再补签上就行啦，走吧。"我愣了，也为自己的想法感到羞愧：我怎么能这么想我的老师呢？

这就是我的语文王老师，在两年的时光里，她给予了我慈母般的爱，也给予了我严厉的督促与鼓励，让我能快乐、健康地成长。

王老师，我的严师，我的慈母，您辛苦了！

你是我的阳光

韩柯瑾

沐浴着灿烂的阳光，独自漫步在寂静的操场上，心里有些孤寂——我已经一年多没有见到你，我设想过很多种与你重遇的场景，可是你却一直没有出现。

也是一个初夏晴朗的早晨，你携着阳光而来，我迎着阳光看到了你年轻的容颜。你并不漂亮，胖胖的身材甚至有些笨拙，肉乎乎的圆脸上带着一副红框眼镜，透过在阳光下闪烁着银光的镜片，我看到了你那严肃的眼神，我以为你会很凶。可是，你突如其来的银铃般的笑声却打破了你在我心中的威严，明媚的阳光和你灿烂的笑容瞬间温暖了整个班级。

那天的阳光虽热却不失分寸，让我舒适、快乐。而与你在一起的时光，也这样地让我舒适、快乐。

在遇见你的第二天，我幸运地被你选中，成了你的班长。在我一脸茫然，不知如何开始时，你对我说："大胆去做，我相信你能担此重任。"你阳光般明朗的话语让我鼓起了工作的勇气和热情。在"出师不利"，同学们不服从我的管理时，你把我带到操场，指着飘满天空的云彩对我说："你看这一片片的云彩没有两片完全一样的吧。正如同学们，每个人都是不一样的，所以要了解同学们的心思，不能硬来。我相信你可以处理好这些事情。"又是相信，我不知道这个词有多大的魅力，但就是你的信任驱散了我心中的电闪雷鸣，寻回原本属于我的明媚天空。

又是一个夏天，一个炙热无比的夏天，让人心生烦躁的夏天。

天刚蒙蒙亮，离起床还差二十分钟，我们就被卫生委员"咚咚咚"的敲门声和高分贝的喊叫声吵醒："赶紧下去打扫卫生！"被提前扰醒的舍友们自然纷纷埋怨和指责起了她，当然她也不甘示弱，大声与大家"对峙"。在一片吵嚷声中，我不知怎的怒火中起："吵什么！大清早骂大街！"话音刚落，卫生委员就哭着跑出去找你。你没听我的解释，当着同学的面就是一顿劈头盖脸的训斥，我委屈得眼泪不争气地流过脸颊。我怨你，甚至有些恨你：为什么不听事情的缘由？为什么不维护我的面子？

第二天，你把我悄悄拉到走廊的一头，轻声地对我说："别哭了，我已经知道事情的经过，我知道不是你的错，但我希望你可以换

位思考，学会宽容，记住'哭是无能的表现'。"听到你温柔的劝解，我才明白你的苦心，你用阳光般的爱温暖了每一个学生的心。

秋日的清爽驱走了夏日的热情，阳光般的你离开了我们，去了另一所学校。我舍不得你！知道吗？同学们常常谈起你，我脑海中常常浮现出你灿烂的微笑——像阳光一样笼罩着我，温暖又舒适。

我的老师

牛怡心

夏落秋起，新的班主任也接踵而至。初见这位老师，凶凶的，气场很强大。

开学去报道，在大家闹哄哄的议论声里，我低头发呆。忽见，一个肉色圆头高跟鞋踩着了我的视线。抬起头，教室内已是鸦雀无声，气氛有点儿微妙。走上讲台的女老师个头矮矮的，微胖，有点儿塌塌的鼻梁上架着一幅淡紫色的眼镜，眼镜背后射出犀利的目光："吵什么吵！这是教室！"一句话使全班的同学都"肃然起敬"，无一人敢吱声，我的身上也不禁冷汗直冒。

开学一个月，学校里要组织运动会。真的，我不知道前一段时间怎么"惹"到了班主任，又让我写稿，又让我送稿，又让我检查卫生……得到老师如此"垂青"，我真是"受宠若惊"！可是我一个人怎么忙得过来！是惩罚我语文课上的桀骜不驯吗？不就是一张语文试卷吗？发表一下惊讶怎么了？又不是不想做！就只是一个习惯性的动作。当时就指着我说："你别装，你装我立马能看出来，不想做你说，你告诉我，我不逼你！"哦，我的天！我到现在都还记得眼镜背后那洋洋得意的眼神。我想哭，我想回驳，但是，我不敢，只能藏在心底。

半年以后，却慢慢发现，这个老师其实很有经验，很会教学。她要求我们做的事情，我竟然开始慢慢尝试，我开始渐渐接近老师，去问方法，去问技巧，去问题目，而老师却像前面所有的事情都没有发生过一样。一次问题结束，偶一抬头突然"秒"到老师的目光，那双眼睛里多了一份真诚，那厉声厉气的语言多了一份温柔。老师像换了一个人一样，我的思想随着老师的一字一语改变了。

是老师变了，还是我以前戴着有色眼镜看老师呢？放暑假了，虽然只有两个月，我现在已经开始想念她了。